_____ 드림

봄　사계절
여름　꽃
가을
겨울　자수

봄 **사계절**
여름
가을 **꽃**
겨울 **자수**

초판 1쇄 인쇄 2019년 6월 19일
초판 1쇄 발행 2019년 6월 26일

지은이 김태연

발행인 장상진
발행처 (주)경향비피
등록번호 제2012-000228호
등록일자 2012년 7월 2일

주소 서울시 영등포구 양평동 2가 37-1번지 동아프라임밸리 507-508호
전화 1644-5613 | **팩스** 02) 304-5613

ISBN 978-89-6952-339-6 13630

ⓒ김태연

· 값은 표지에 있습니다.
· 파본은 구입하신 서점에서 바꿔드립니다.

사계절 꽃 자수

봄 여름 가을 겨울

김태연 지음

경향BP

Prologue
봄여름가을겨울, 언제든 즐기고 뭐든지 자수 소품으로!

수년 전, 이미지 기반 SNS 핀터레스트(Pinterest.co.kr)에서 우연히 프랑스 자수 작품을 보게 되었습니다. 평소 재봉틀로 이것저것 만들기를 좋아해서 그런지 자수가 굉장히 매력적으로 다가왔습니다.

자수를 배워보려고 곧바로 책 몇 권을 구입하고 실과 바늘도 준비했습니다. 그런데 막상 혼자 해보려니 너무 어려웠습니다. 그때 표지만 보고 샀던 책이 아오키 카즈코(青木 和子)와 토츠카 사다코(戶塚 貞子)의 책이었는데, 아무것도 모르는 초보로서는 책의 내용을 이해할 수가 없었습니다. 요즘은 자수 클래스가 많아졌지만 그때만 해도 집 근처에 마땅한 곳이 없었고, 토요일까지 근무하는 직장에 다녔기 때문에 도저히 시간이 나지 않았습니다. 그렇게 사다 놓은 재료만 만지작만지작하다가 2년이나 흘러버렸죠. 자수실, 바늘, 수틀은 눈에 안 보이게 책상 서랍 깊숙이 넣어두었고요.

그러던 어느 날, 구글 코리아에서 메일이 하나 왔습니다. 그 당시에 저는 블로그를 열심히 하고 있었는데, 내용인즉슨 유튜브 크리에이터 설명회에 참석해달라는 것이었습니다. 난생처음 구글 코리아에 견학 가서 이런 저런 이야기를 듣고 왔습니다. 핵심만 말하자면, 유튜브 크리에이터가 되라는 내용이었죠. 집에 돌아와서 막상 유튜브를 시작하려고 하니까 그게 말처럼 쉬운 게 아니었습니다. 촬영, 편집 등 기술적인 문제는 차치하고, '뭘 주제로 할지'부터가 고민이었습니다. 그러다가 프랑스 자수가 생각났습니다. 안 보이게 치워놨던 자수실과 수틀을 다시 꺼냈습니다.

마치 일기를 쓰듯 바느질 연습한 것을 촬영하고 편집했습니다. 자수와 유튜브 둘 다 처음이니 무엇 하나 마음처럼 되지 않았죠. 그래도 그냥 꾸준히 했습니다. 안 되면 될 때까지 하고, 모르는 것은 국내서적이든 외국서적이든 찾아보고, 인터넷을 검색하며 해외 영상자료도 보고 또 봤습니다. 사실 '어려운 재미'도 쏠쏠합니다. 잘하지 못하던 것을 잘하게 되는 성취감은 물론이고요. 바느질을 해본 사람이라면 공감할 거예요. 한 번 바늘을 잡으면 시간 가는 줄 모르고 세 시간이고 네 시간이고 계속하게 되는 것을요.

그런 연습과 시도가 쌓이고 쌓이다 보니 이제야 그럭저럭 봐줄 만하게 수놓을 수 있게 되었습니다. 거기에다 유튜브 구독자 여러분의 과분한 사랑과 관심도 받게 되었죠. 유명한 자수 작가도 아닌 저를 국내뿐만 아니라 세계 각국에서도 봐주신다니 신기하면서 감사하는 마음이 들었습니다.

이 책에는 그동안 제가 자수를 혼자 익히면서 깨우친 내용이 담겨 있습니다.

'자수 준비'에는 자수를 할 때 사용하는 재료와 도구에 대한 내용을 수록하였습니다. '어떻게 바느질하느냐' 도 중요하지만 '어떤 재료로 하느냐'도 상당히 중요하기 때문에 꼭 한 번은 읽고 넘어가시기 바랍니다.

'자수 기초'에서는 이 책에 사용한 자수기법을 사진으로 자세히 담았습니다. 동영상으로 수놓는 방법을 볼 수 있게 각 스티치마다 QR코드를 넣었습니다. 책만으로 이해가 되지 않는 스티치는 반드시 동영상을 함께 보시기 바랍니다.

'사계절 꽃자수'에는 '자수 기초'에서 익힌 스티치를 응용해 작품을 수놓고 소품을 만드는 방법을 실었습니다. 봄, 여름, 가을, 겨울을 대표하는 꽃자수 도안이 들어 있습니다. 순전히 제가 좋아하는 것들로만 담아보았습니다. 어떤 것은 쉽고, 어떤 것은 어렵습니다. 또 어떤 것은 어려워 보이지만, 쉬운 자수 기법의 반복일 뿐인 것도 있습니다. 각 단계별로 사진과 함께 상세한 설명을 실어 처음 자수를 하는 사람도 쉽게 이해할 수 있을 것입니다. 그래도 어려운 부분이 있다면 유튜브, 블로그, 인스타그램 등으로 문의해주세요.

직장, 육아, 경제적 여건 등의 이유로 독학으로 자수를 시작해보려는 이들에게 이 책이 작게나마 도움이 되면 좋겠습니다. 비록 혼자여도 함께하는 느낌으로 유튜브로 소통하고 작품 활동을 하며 더욱 성장하겠습니다.

이 책이 나올 수 있게 도와주신 유튜브와 네이버TV 구독자 여러분 및 블로그 이웃들, 인스타그램 친구들에게 감사를 전합니다. 또한 저를 믿고 출간을 결정해준 출판사에도 고마운 마음을 전합니다. 마지막으로 항상 저를 응원해주는 저의 가족과 사랑하는 사람, 친구들, 지인들 정말 고맙습니다.

김태연, Kim Alpaca

Contents

프롤로그 — 005
재료와 도구 — 010

PART 1 사계절 꽃자수 – 봄

- 벚꽃 가랜드 — 024
- 미모사 에코백 — 029
- 개나리 와펜 장식 에코백 — 032
- 벚꽃 티코스터 — 036
- 미모사 브로치 — 041
- 수국 키친 클로스 — 044
- 은방울꽃 부케 — 048
- 알리움 책갈피 — 052
- 카네이션 꽃다발 — 056

PART 2 사계절 꽃자수 – 여름

- 히비스커스 플라밍고 액자 — 062
- 수레국화와 라벤더 리스 — 066
- 나팔꽃 티코스터 — 070
- 단발머리 소녀 액자 — 075
- 미니 장미 리스 — 080
- 장미 손거울 — 083
- 캐모마일 벽걸이 장식 — 086
- 프렌치 라벤더 액자 — 091
- 라벤더 삼각 향주머니 — 094
- 물망초 리스 — 098

PART 3 사계절 꽃자수 – 가을

- 유리병 자수 장식 — 104
- 국화 티백 오너먼트 — 108
- 강아지풀 디퓨저 캔버스 액자 — 112
- 가을 들꽃 파우치 — 117
- 목화 꽃다발 — 120
- 천일홍 테이블 매트 — 124
- 코스모스 브로치 — 127

PART 4 사계절 꽃자수 – 겨울

- 포인세티아 캔버스 — 132
- 가재발 선인장 — 136
- 동백꽃 버선 아플리케 — 140
- 호랑가시나무 리스 — 144
- 동백꽃 와펜 브로치 — 148

PART 5 꽃자수 레터링

- 심플 플라워 레터링 — 154
- 컬러풀 플라워 레터링 — 157

부록

프랑스 자수 준비
시작과 마무리 — 164
도안 옮기기 — 175
소품 만들기 — 178

프랑스 자수 기초
수놓는 방법 — 184
자수 기법 — 185
바느질 기법 — 224

재료와 도구

| 자수실 |

자수실은 재질과 두께, 색상을 기준으로 다음과 같이 분류할 수 있습니다.
* 재질에 따른 분류 : 면사, 리넨사, 울사, 실크사, 레이온사 등
* 두께에 따른 분류 : 4번사, 5번사, 8번사, 12번사, 25번사 등(숫자가 클수록 두께가 가는 실)
* 색상에 따른 분류 : 단색사, 복합사, 베리에이션사

DMC 5번사 펄코튼 DMC 8번사 펄코튼 DMC 메탈릭사 Diamant, Metallic

DMC 4번사 DMC 25번사 애플톤 크루엘 울사 DMC 태피스트리 울사 DMC Light Effects

25번사

가장 많이 사용하는 자수실은 25번 면사입니다. 우리나라에서는 십자수 실로 잘 알려져 있죠. 자수를 시작할 때 제일 먼저 준비해야 하는 실이기도 합니다. 가느다란 6가닥의 실이 느슨하게 꼬여 있어서 마치 두꺼운 실 1가닥처럼 보입니다. 그대로 사용하지 말고 1가닥씩 필요한 만큼만 뽑아서 사용하세요(168쪽 참고).

국내에서 쉽게 구입할 수 있는 자수실은 앵커(Anchor)와 디엠씨(DMC) 두 브랜드가 있습니다. 육안으로 봤을 때 같은 색의 실이라도 제조사별로 색상 고유번호가 각기 다릅니다. 그러므로 반드시 본인이 사용하는 자수실이 어느 회사의 몇 번 실인지 알고 있어야 실이 떨어졌을 때 같은 색의 실을 구입할 수 있습니다.

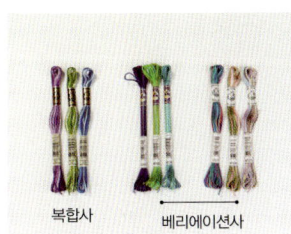

복합사, 베리에이션사

DMC 제품을 기준으로, 복합사는 한 가지 톤의 색이 진하고 옅게 염색된 실로서 색이 변하는 구간이 긴 편이라 적당한 위치에서 잘라 사용합니다. 베리에이션사는 여러 가지 색이 함께 염색되어 있어 1개의 실로 다양한 색상 표현이 가능합니다.

펄 코튼

펄 코튼(pearl cotton) 자수실은 25번 면사보다 더 두껍고, 은은한 광택이 두드러지는 실입니다. 독특한 꼬임이 있기 때문에 좀더 입체적인 질감 표현이 가능합니다. 실을 분리하지 않고 1가닥 그대로 사용합니다. 숫자가 작을수록 두꺼운 실입니다.

4번사

아주 굵은 면사로, 25번사보다 광택이 적으면서 부드러운 질감을 가지고 있습니다. 입체적이고 부피가 큰 느낌을 원할 때 사용하면 효과적인 자수실입니다. 1가닥을 그대로 사용하는 것이 원칙입니다.

DMC 태피스트리 울사

DMC 태피스트리 울사(DMC Tapestry Wool)는 100% 양모 재질로 이루어진 굵은 울사입니다. 두께는 4번사와 비슷합니다. 풍성하고 보송보송한 느낌을 표현할 때 사용하면 좋습니다. 일반적으로 사용하는 자수바늘의 바늘귀에는 잘 들어가지 않으니 셔닐 바늘을 사용하기 바랍니다(169쪽 참고).

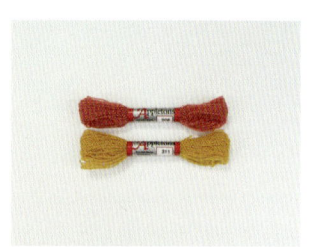

애플톤 크루엘 울사

애플톤 크루엘 울사(Appleton Crewel Wool)는 태피스트리 울사보다 가는 실입니다. 100% 양모로 이루어져 있어 따뜻하고 부드러운 느낌을 표현할 수 있습니다. 실 자체에 약간의 신축성이 있으므로 너무 바짝 당기면서 수놓지 않도록 합니다.

메탈릭사

메탈릭사(metallic thread)는 금속 특유의 눈부신 광택을 구현한 실입니다. 단독으로 혹은 다른 면사와 합쳐서 사용할 수도 있습니다. 면이나 울로 된 자수실보다 재질이 뻣뻣하고 끝이 갈라지기 쉬우므로 사용에 주의하세요.

에뚜알사

에뚜알사(etoile thread)는 면과 메탈릭 재질이 섞인 자수실로, 질감은 보송보송하며 두께는 25번사와 비슷합니다. 은은한 반짝임을 표현할 때 사용합니다.

자수바늘

자수바늘을 처음 구입할 때에는 다양한 크기로 구성된 세트를 구입하는 것이 좋습니다. 자수실의 가닥수, 원단의 두께, 개별 스티치 특성에 맞게 각기 다른 호수의 바늘로 바꿔가며 수를 놓아야 하니까요. 제조사마다 규격이 다른데, 이 책에서는 크로바 자수바늘을 예로 들어 설명하겠습니다. 바늘의 숫자가 작을수록 두껍고 긴 바늘입니다.

바늘 번호	3	4	5	6	7	8	9
두께(mm) Thickness	0.99	0.91	0.84	0.76	0.69	0.61	0.53
길이(mm) Length	44.5	42.9	41.3	39.7	38.1	36.5	34.9
실 가닥수 Strand	6 이상	5~6	4~5	3~4	2~3	1~2	1

자수바늘(Clover)　밀리너 바늘(CM)　셔닐 바늘(John James)　자수바늘　셔닐 바늘　밀리너 바늘

자수바늘 또는 크루엘 바늘

자수바늘 또는 크루엘 바늘(Crewel Needle)은 봉제용 바늘보다 바늘귀가 더 크고 끝이 뾰족하게 생겼습니다. 큰 바늘귀 덕택에 여러 가닥의 실을 꿸 수 있고, 바늘 끝이 예리하여 정교한 작업이 가능합니다.

밀리너 바늘

밀리너 바늘(Milliner's Needle)은 원래 모자를 만들 때 사용했다고 합니다. 일반 자수바늘보다 길이가 길고, 몸통과 바늘귀 부분의 두께가 서로 비슷합니다. 불리온 노트 스티치나 캐스트 온 스티치를 할 때 바늘이 쉽사리 빠지지 않은 적 있지 않나요? 밀리너 바늘은 형태적 특성 덕분에 바늘이 몸통에 감은 실을 어려움 없이 통과합니다.

셔닐 바늘

셔닐 바늘(Chenille Needle)은 자수바늘보다 바늘귀가 훨씬 더 길고 크며 바늘 끝은 매우 뾰족합니다. 바늘귀가 길어서 리본 자수용 바늘로 많이 사용합니다. 또한 일반 자수바늘의 바늘귀에 넣기 힘든 태피스트리 울사나 4번사를 끼워서 쓸 수 있습니다.

원단

자수용 원단이 따로 있는 것은 아닙니다만 다루기 수월한 원단을 써야 수놓는 작업이 더욱 즐거워지겠죠? 아래의 조건에 부합한다면 종류에 상관없이 어떠한 원단이라도 좋습니다.
* 잘 늘어나지 않는 직기 원단
* 평직(씨실과 날실이 한 올씩 교대로 교차하여 직조)으로 짜인 원단
* 겉면이 코팅되지 않은 원단
* 적당히 톡톡한 두께의 원단

컬러 리넨 11수
소프트 펠트지(무수지)
하드 펠트지(유수지)

수놓기 수월한 원단
워싱 가공된 리넨(면이 섞인 리넨 포함), 각종 면 원단(무명, 광목, 옥스포드 등)이 수놓기 적절합니다. 두께는 너무 얇지 않은 것으로 준비합니다. 원단의 두께는 흔히 10수, 20수, 30수 등으로 표현하는데, 표기된 숫자가 작을수록 두껍습니다. 20수보다 얇은(20보다 큰 숫자로 표기) 원단은 힘이 없고 수놓은 안이 다 비쳐 보일 수 있습니다. 적당히 톡톡한 원단이 수놓을 때 울지 않고 바느질이 잘됩니다. 참고로 직조된 섬유가 아닌 펠트지에도 수놓을 수 있습니다. 펠트지는 색상과 두께가 다양할 뿐만 아니라 시접 처리를 따로 할 필요가 없어 사용이 편리합니다. 종류는 크게 소프트 펠트지(무수지)와 하드 펠트지(유수지)로 나뉘며 용도에 따라 적합한 것을 선택하면 됩니다.

수놓기 어려운 원단
니트 종류, 스판덱스가 함유된 원단은 신축성이 있기 때문에 바느질을 하면서 늘어나기 십상이라 초보자가 다루기 어렵습니다. 같은 면 소재라도 거즈 원단처럼 조직이 성기고 얇은 원단은 바느질을 하면서 올이 틀어질 수 있습니다. 고밀도 원단이나 겉면이 코팅된 원단도 피하는 것이 좋습니다. 이러한 원단은 바늘자국이 한 번 생기면 세탁을 해도 없어지지 않습니다.

수틀

수틀은 곱게 수놓기 위해 원단을 팽팽하게 잡아주는 도구입니다. 수놓은 후 액자를 대신할 수 있도록 고리가 달린 제품도 있습니다. 나무, 대나무, 플라스틱, 고무 등의 재질이 있고 형태 또한 다양합니다. 수틀을 선택할 때 재질보다 더 중요한 요소는 수틀의 크기입니다. 초보자의 경우 한 손에 잡히는 지름 10~13cm의 수틀이 다루기 쉽습니다. 일반적인 수틀과 달리 특수한 형태의 수틀도 있습니다. 이러한 수틀은 어떠한 방식으로든 세울 수 있기 때문에 한 손으로 수틀을 들고 작업할 필요가 없습니다. 양손을 자유롭게 사용할 수 있어서 어깨와 허리의 과부하를 덜어줍니다. 수틀에 바이어스 테이프를 감싸면 수놓는 원단을 보호하는 동시에 힘 있게 잡아줄 수 있습니다.

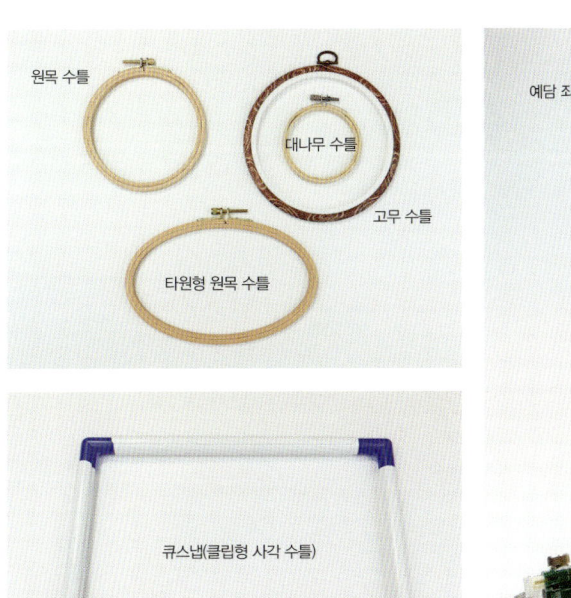
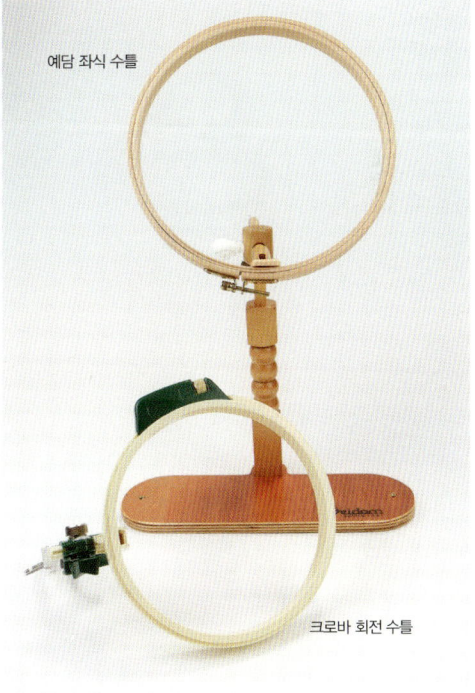

가위 및 재단 도구

자수용 가위, 학가위, 쪽가위

실을 자르기 위한 용도로 제작된 작은 가위로, 칼날이 예리합니다. 원단이나 다른 물건을 자르면 날이 손상될 수 있으니 자수실만 자르도록 합니다.

재단 가위

원단을 자르는 용도의 묵직한 가위입니다. 본인 손에 맞는 크기의 재단 가위를 선택하세요. 대표적인 브랜드로는 잠자리표 재단 가위가 있습니다. 가위 사이즈는 220mm, 240mm, 260mm, 280mm, 300mm로 나뉘며 280mm, 300mm 사이즈부터는 주로 남성용입니다. 재단 가위 또한 원단이나 실 외에 다른 물건을 자르면 날이 손상됩니다. 종이나 비닐 등을 자를 때는 문구용 가위를 사용하세요.

로터리 커터와 커팅 매트

로터리 커터는 원형의 칼날이 달린 재단 도구입니다. 원단을 정확하고 정교하게 자를 때 사용합니다. 재단 시 커팅 매트 위에서 작업하는 것이 칼날의 수명을 길게 합니다.

자수용 펜

아래의 재료는 원단에 직접 도안을 그릴 때 사용하는 자수용 펜입니다. 펜 자국이 완전히 지워지는지 자투리 원단에 테스트한 후 사용하기 바랍니다.

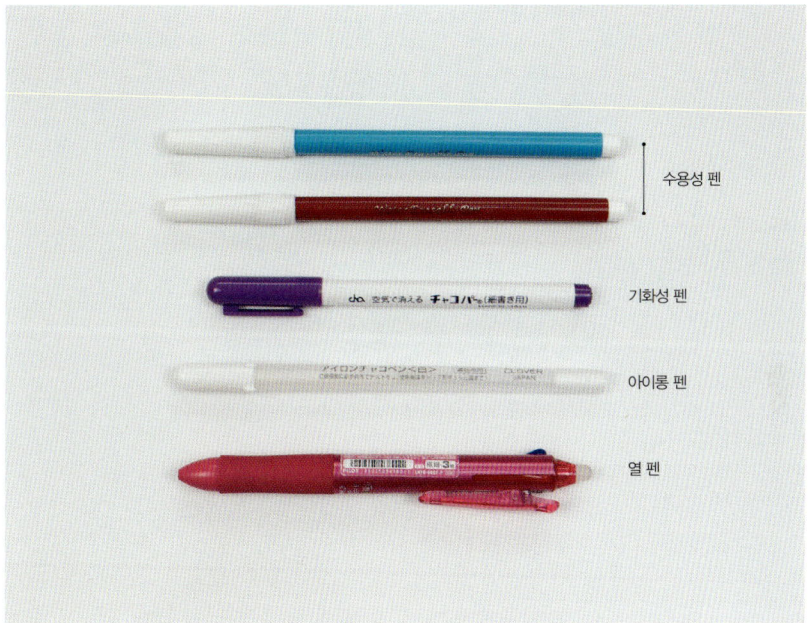

수용성 펜
물이 닿으면 자국이 지워지는 펜입니다. 수놓은 원단에 부분적으로 물을 묻히면 자국이 없어지는 듯하다가 건조 후 얼룩이 다시 올라올 수 있습니다. 이렇게 생긴 얼룩은 쉽게 지워지지 않습니다. 그러므로 작업을 완료한 후 물에 원단을 담가서 완전히 잉크를 녹이세요.

기화성 펜
시간이 지나면 저절로 자국이 없어지는 펜입니다. 작업이 오래 걸릴 경우 도안이 완전히 지워질 수 있으므로 금방 끝낼 수 있는 작업에만 사용하세요.

열 펜
다리미나 헤어드라이어의 열에 지워지는 펜입니다. 원래는 문구용 볼펜으로 출시되었지만 섬세한 도안을 그릴 때 유용합니다. 대표적인 브랜드로는 파일럿(Pilot)사의 'Frixion Ball', 미쓰비시(Mitsubishi)사의 'Uni-ball Fanthom'이 있습니다.

아이롱 펜
주로 검은 원단에 도안을 그릴 때 사용합니다. 클로버(Clover)사의 아이롱 펜이 대표적이며, 열 펜과 마찬가지로 다리미나 헤어드라이어의 열로 지울 수 있습니다. 처음에는 펜 자국이 흐릿하게 보이다가 잉크가 완전히 마르면 선명하게 보입니다.

도안을 옮기는 도구와 재료

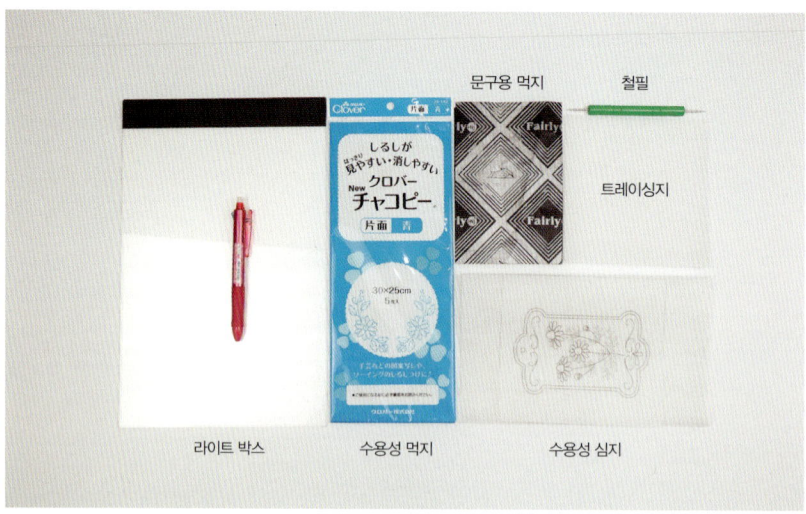

수용성 심지
어두운 색의 원단에 수놓을 때 또는 정교한 도안을 옮길 때 사용하는 재료입니다. 얇은 부직포 재질의 심지로, 다른 심지처럼 원단을 보강하는 목적의 재료는 아닙니다. 자수 도안 위에 수용성 심지를 올려놓고 선을 따라 그린 다음 원단에 임시 고정하여 수용성 심지와 원단을 같이 수놓습니다. 작업 완료 후 물에 담그면 수용성 심지만 물에 녹아서 없어집니다.

먹지
먹지는 물에 지워지는 수용성 먹지와 지워지지 않는 문구용 먹지가 있습니다. 수용성 먹지의 경우 수용성 펜과 마찬가지로 수놓는 작업 완료 후 물에 담가 염료를 녹입니다. 수용성 펜보다는 녹는 속도가 느린 편입니다. 문구용 먹지는 수예용 먹지보다 쉽게 도안이 그려지지만 자국이 지워지지 않으므로 도안의 선을 덮어가며 수놓아야 합니다. 제품에 따라 염료가 번지기도 하므로 사용하기 전에 신문지로 먹을 적당히 닦아냅니다.

철필
먹지를 사용해서 도안을 옮길 때 쓰는 펜입니다. 펜의 끝은 작은 볼 모양입니다. 철필이 없을 때는 다 쓴 볼펜으로 대신해도 됩니다.

트레이싱지
기름종이라고 생각하면 됩니다. 트레이싱지가 없다면 주방에서 쓰는 종이포일도 괜찮습니다. 자수책 위에 트레이싱지를 올려놓고 도안을 따라 그린 후 먹지를 이용해 원단에 옮깁니다. 복사기를 쓸 수 있다면 도안을 따라 그리는 수고를 하지 않아도 됩니다.

라이트 박스
불빛을 투과시켜 도안을 원단에 옮기는 도구입니다. 주로 밝은 색의 원단에 사용하며, 어두운 색의 원단이나 두꺼운 원단은 빛이 잘 투과되지 않아 사용에 제한적입니다. 라이트 박스가 없다면 밝은 날 창문을 이용하는 것도 좋습니다. 유리창에 도안과 원단을 고정시키고 햇빛에 투과된 자국을 따라 그리는 아주 전통적인 방법이지요.

기타 필요한 도구

보빈, 보빈함
보빈은 타래로 만들어진 자수실을 풀어서 쓰기 쉽게 감아놓는 도구입니다. 나무, 플라스틱, 종이, 아크릴 등 다양한 재질로 이루어져 있습니다. 기성품을 사용하거나 두꺼운 종이를 잘라 직접 만들 수도 있습니다. 실을 감은 보빈은 색상별로 보빈함에 보관합니다.

실뜯개
잘못 수놓은 부위를 제거할 때 사용하는 도구입니다. 주위의 다른 실이나 원단을 자르지 않도록 주의해서 사용하세요.

실끼우개
여러 가닥의 자수실을 바늘귀에 끼울 때 사용하는 도구입니다. 실 끼우는 부위가 철사로 되어 있는 것은 가는 자수실을 끼울 때 사용하고, 갈고리 모양으로 생긴 것은 울사나 메탈릭사를 끼울 때 사용합니다.

핀쿠션
바늘과 시침핀을 꽂는 도구입니다. 기성품을 구입해도 되고 솜을 넣어서 직접 만들 수 있습니다.

실리콘 골무
골무를 끼우면 손가락 끝을 보호할 뿐만 아니라 바늘이 손에서 미끄러지는 것을 방지합니다. 불리온 노트 스티치와 같이 바늘을 빼야 하는 작업 시 바늘이 잘 안 빠질 때 실리콘 골무를 사용하면 도움이 됩니다.

모양자
도안을 원단 위에 직접 표시할 때 정확하게 그리기 위해 사용합니다. 여러 가지 크기의 원을 그릴 수 있는 모양자를 선택하세요.

단면 접착심지
접착심지는 원단에 힘을 주기 위한 용도로 사용하는 재료입니다. 한쪽 면에 접착제가 발라져 있어서 다리미의 열로 원단 뒷면에 붙일 수 있습니다. 또는 자수를 완성한 다음 뒷면에 붙여서 깔끔하게 마무리할 때 쓸 수도 있습니다. 이 책에서는 다양한 소재의 접착심지 중 실크 심지만을 사용하였습니다.

양면 접착심지
원단과 원단을 서로 접착시키는 재료입니다. 아플리케(appliqué, 바탕천 위에 다른 천을 오려 붙이는 수예)를 할 때 유용하게 쓰입니다. 스티커처럼 붙일 수 있는 제품과 부직포처럼 생긴 제품이 있는데, 스티커형은 국내에서 구하기 힘들어서 이 책에서는 부직포 형태의 양면 접착심지만 사용하였습니다.

올풀림 방지액
섬유의 올풀림을 방지하기 위한 일종의 풀입니다. 잘라낸 천의 가장자리에 바릅니다.

장식용 비즈
자수를 좀더 화려하게 꾸미기 위한 구슬입니다. 색상, 크기, 재질이 다양합니다.

패브릭 마커
패브릭 마커(fabric marker)는 마커 타입의 섬유용 염료라고 할 수 있습니다. 색칠 공부하듯 천 위에 쉽게 색칠할 수 있습니다. 제품에 따라 채색 후 열처리가 필요한 것과 필요하지 않은 것이 있습니다.

자수실 컬러 카드
자수실을 색상별로 조금씩 잘라놓은 샘플북입니다. 한눈에 자수실의 색상을 비교해볼 수 있어서 컬러를 선택할 때 편리합니다. 자수 입문 단계에서 구입할 필요는 없고, 어느 정도 실력이 붙어서 자신의 창작 도안을 구상하는 단계라면 아주 유용합니다. 모든 색의 자수실을 구입하지 않아도 되는 이점도 있습니다.

사계절 꽃자수
PART 1

봄

벚꽃 가랜드

역시 봄 하면 벚꽃이죠. 화사한 핑크빛 벚꽃을 가득 수놓은 가랜드입니다.
캐스트 온 스티치로 풍성한 꽃잎을 표현하였어요.

❁ 필요한 재료

원단 : 리넨 11수(백아이보리 컬러)
사용한 자수실 : DMC 25번, 471, 963, 3687, 3716, 3799, 4140
기타 재료 : 재봉사, 나뭇가지, 면 끈

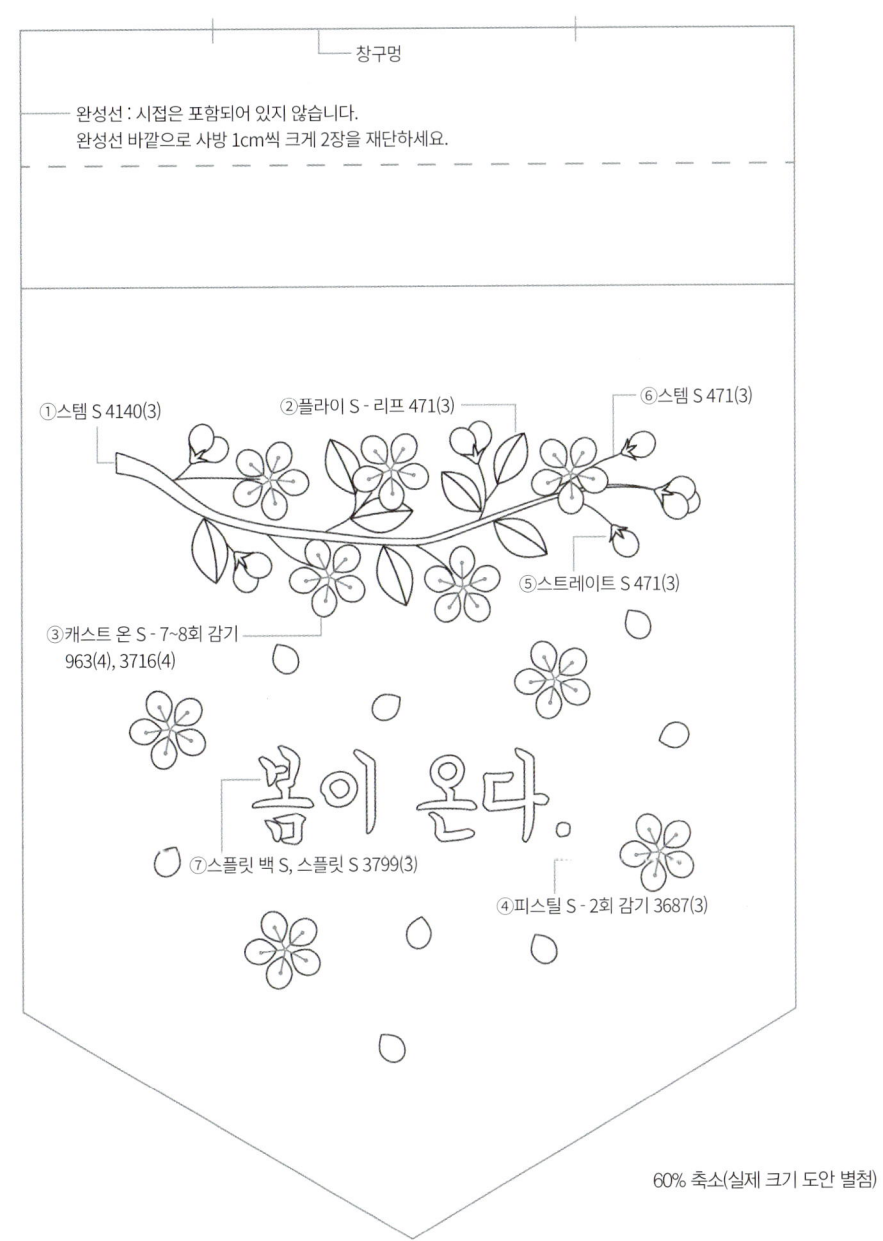

60% 축소(실제 크기 도안 별첨)

How to make

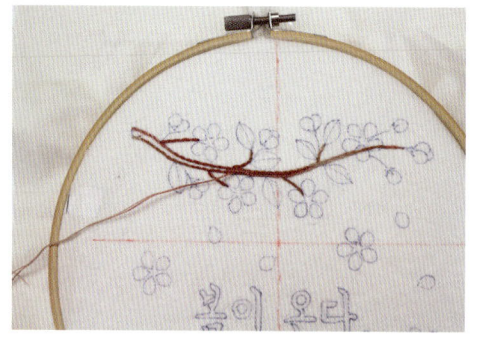

1 나뭇가지는 외곽선부터 스템 스티치로 수놓고 안쪽을 채웁니다.

2 잎은 플라이 스티치 리프로 수놓으세요.

3 꽃잎을 수놓을 때는 바늘에 빈 볼펜심을 끼운 채로 캐스트 온 스티치(루즈 캐스트 온 스티치 참고)를 놓습니다. 실을 7~8회 감습니다.

4 꽃잎 1장을 완성하였습니다.

5 같은 방식으로 꽃잎을 5장 수놓습니다.

6 꽃잎 위로 피스틸 스티치 5개를 수놓으세요.

How to make

7 꽃봉오리는 캐스트 온 스티치를 겹쳐 수놓고, 꽃받침은 스트레이트 스티치, 연두색 줄기는 스템 스티치로 수놓습니다.

8 글씨는 외곽선을 먼저 스플릿 백 스티치로 수놓고, 그 안쪽은 스플릿 스티치로 채웁니다. 스플릿 스티치를 하기 어려운 곳은 새틴 스티치로 대신합니다.

9 자수를 완성하였으면 수놓은 앞판의 겉면과 수놓지 않은 뒤판의 겉면끼리 마주 대고 시침핀으로 고정하세요. 시접은 사방으로 1cm씩 남겨둡니다.

10 창구멍을 제외한 사방을 박음질한 뒤, 모서리 부분을 대각선으로 자릅니다. 그런 다음에 시접을 안쪽으로 꺾으세요.

11 겉이 보이도록 뒤집은 다음 창구멍을 공그르기로 막아주세요.

12 반듯하게 다림질한 뒤 나뭇가지 끼울 곳을 접습니다.

How to make

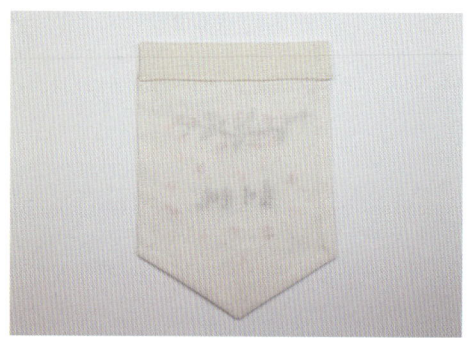

13 접은 곳을 바느질로 고정합니다.

14 나뭇가지를 끼우고 면 끈을 달아주면 완성입니다.

미모사 에코백

초봄에 피는 동그랗고 귀여운 꽃, 미모사입니다.
샛노란 꽃잎이 더욱 돋보이도록 검은색 가방 위에 수놓아보세요.

❀ 필요한 재료

원단 : 검은색 무지 에코백(34cm×40cm)
사용한 자수실 : DMC 4번 2347 / DMC 25번 725, 742, 3345
기타 재료 : 검은색 실크 심지

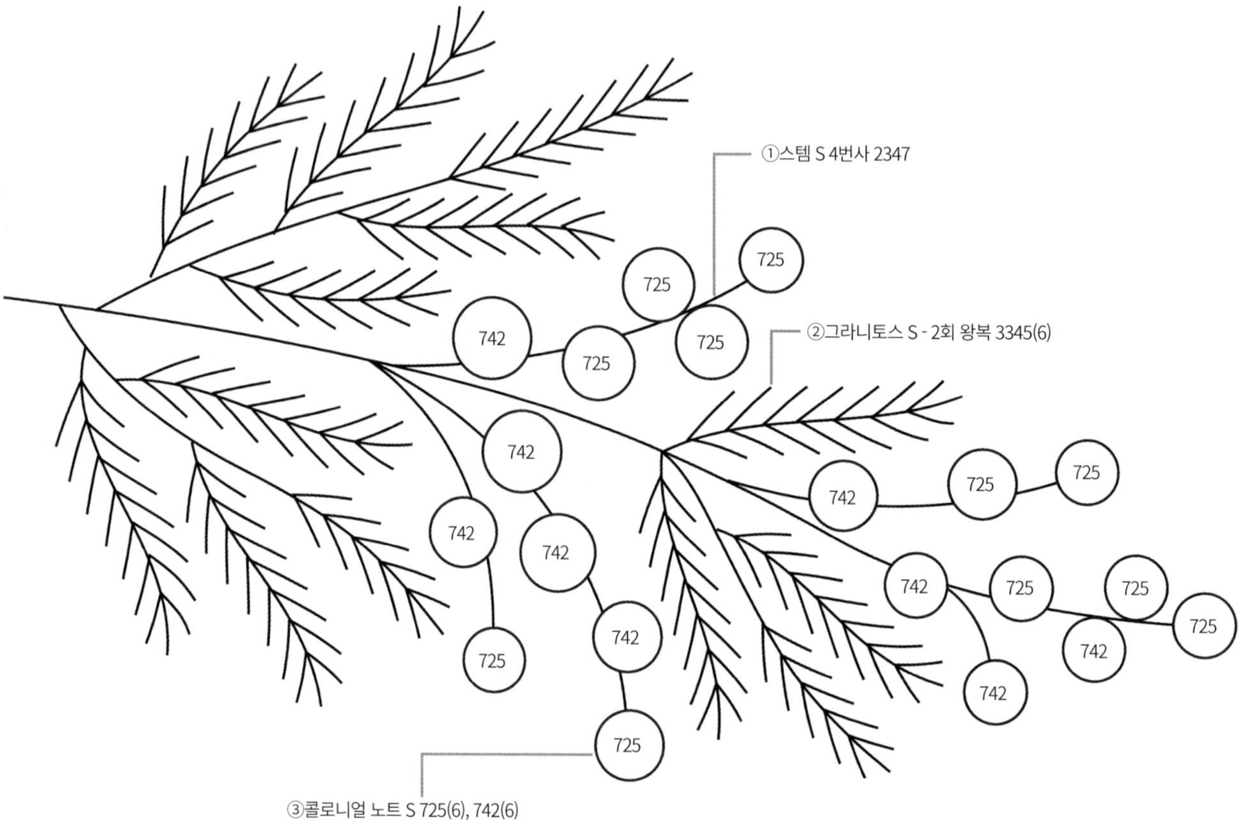

① 스템 S 4번사 2347
② 그라니토스 S - 2회 왕복 3345(6)
③ 콜로니얼 노트 S 725(6), 742(6)

How to make

1 수용성 심지를 사용하여 도안을 옮기세요.

2 줄기는 꽃잎이 들어갈 자리를 제외하고 4번사를 이용해 스템 스티치로 수놓으세요.

3 잎은 그라니토스 스티치로 수놓으세요. 같은 자리를 2회 왕복합니다.

4 꽃은 콜로니얼 노트 스티치로 수놓습니다. 바깥 테두리를 동그랗게 수놓은 다음 안쪽을 채우세요.

5 미모사 자수가 완성되었습니다.

6 가방의 뒷면은 검은색 실크 심지를 붙여서 가려줍니다.

개나리 와펜 장식 에코백

생활용품점에서 구입한 저렴한 에코백의 대변신!
개나리를 수놓은 와펜으로 밋밋한 에코백을 장식해 1년 내내 봄을 느껴보세요.

❀ 필요한 재료

원단 : 리넨 11수(파스텔 블루 컬러)
사용한 자수실 : DMC 25번 300, 301, 470, 725, 745, 783, 893
기타 재료 : 에코백(다이소 제품), 하드 펠트지(유수지), 재봉사 또는 퀼팅실, 옷 수선 테이프(양면 접착심지)

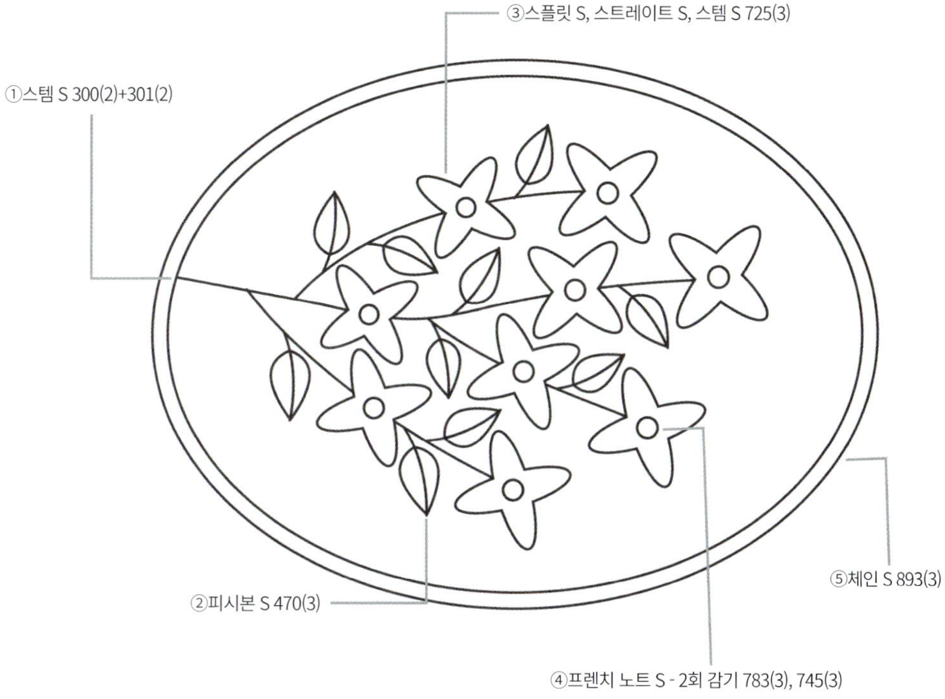

① 스템 S 300(2)+301(2)
② 피시본 S 470(3)
③ 스플릿 S, 스트레이트 S, 스템 S 725(3)
④ 프렌치 노트 S - 2회 감기 783(3), 745(3)
⑤ 체인 S 893(3)

How to make

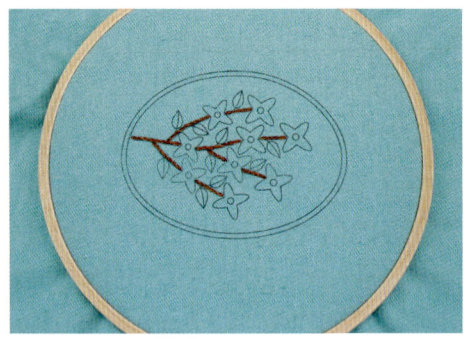

1 300번 2가닥, 301번 2가닥을 합쳐 총 4가닥으로 나뭇가지를 따라 스템 스티치로 수놓습니다.

2 나뭇잎은 470번 3가닥을 사용해 촘촘하게 피시본 스티치로 채우세요.

3 먼저 725번 3가닥을 사용해 꽃잎의 안쪽을 스플릿 스티치(넓은 곳), 스트레이트 스티치(좁은 곳)로 수놓습니다. 안쪽을 다 채운 후 외곽선을 스템 스티치로 둘러줍니다.

4 꽃의 중앙부에 783번 3가닥으로 프렌치 노트 스티치를 5개 만들고 가장 안쪽은 745번으로 1개 만들어주세요. 실은 바늘에 2회씩 감아줍니다.

5 893번 3가닥으로 테두리를 따라 체인 스티치로 수놓습니다. 마무리할 때는 제일 처음에 했던 스티치 밑으로 바늘을 통과시킵니다.

6 자수를 완성했습니다.

How to make

7 똑같은 크기의 펠트를 준비합니다.

8 옷 수선 테이프(양면 접착심지와 같은 역할)를 적당히 잘라서 수놓은 뒷면에 올려놓습니다.

9 다리미로 열을 가하여 원단과 펠트를 서로 붙이세요. 옷 수선테이프 제조사의 지시 사항대로 사용하기 바랍니다.

10 시접을 0.7cm 정도 남겨두고 원단을 자르세요. 그리고 사진과 같이 퀼팅실이나 재봉사로 홈질합니다. 이때 매듭은 짓지 않습니다.

11 양쪽의 실을 잡아당겨 시접을 안으로 오그리고 매듭 지으세요. 자수 와펜을 완성하였습니다.

12 에코백 위에 자수 와펜을 올려놓고 공그르기로 연결하세요.

벚꽃 티코스터

누구나 쉽게 할 수 있는 2가지 기본 스티치만을 사용해 만든 벚꽃 티코스터입니다.
은은한 광택과 독특한 질감이 특징인 5번사를 사용했어요.

❀ 필요한 재료

원단 : 리넨 11수(파스텔 핑크, 올리브 컬러)
사용한 자수실 : DMC 펄코튼 5번사 48, 3013(5번사가 없을 경우 25번사 6가닥 사용)
기타 재료 : 실크 심지, 재봉사

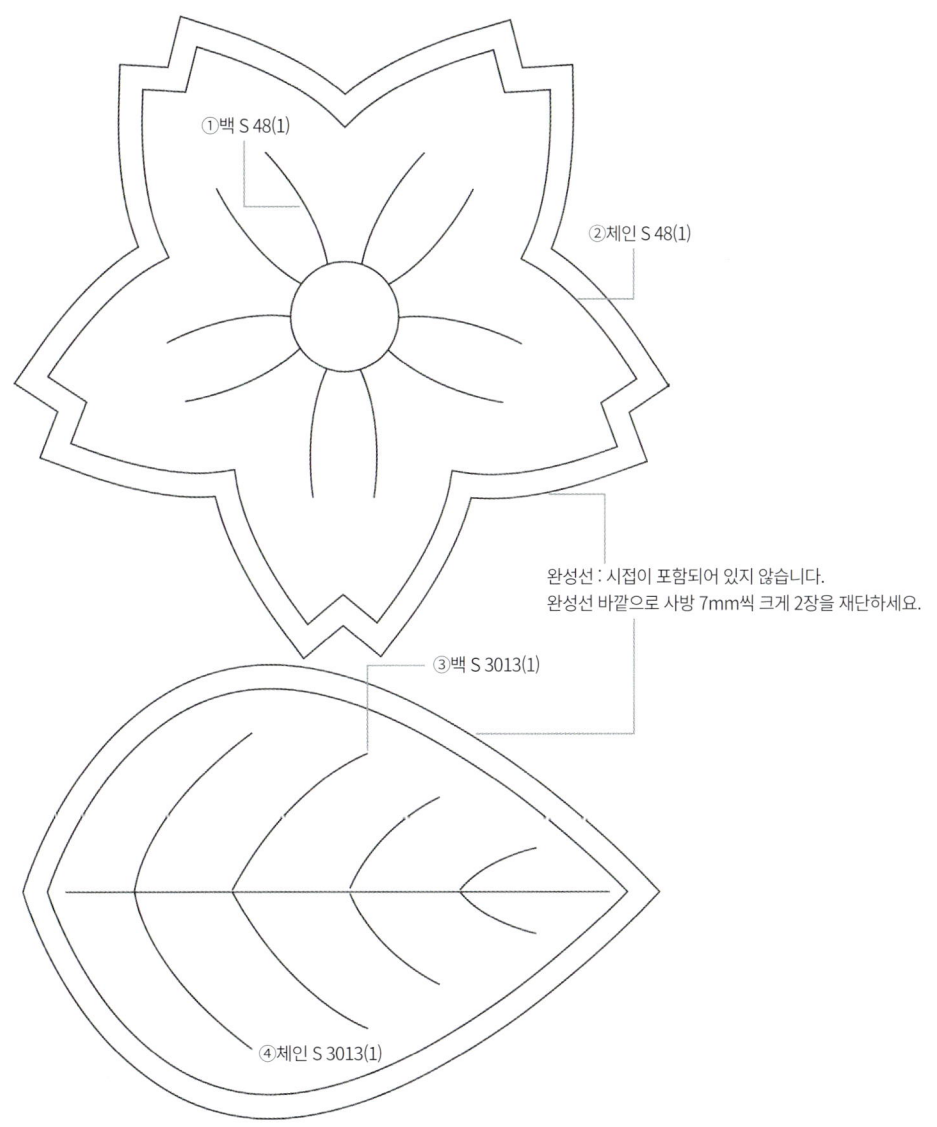

① 백 S 48(1)
② 체인 S 48(1)
③ 백 S 3013(1)
④ 체인 S 3013(1)

완성선 : 시접이 포함되어 있지 않습니다.
완성선 바깥으로 사방 7mm씩 크게 2장을 재단하세요.

60% 축소(실제 크기 도안 별첨)

How to make

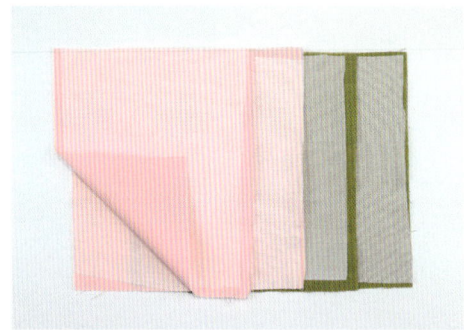

1 수놓기 전에 모든 원단의 뒷면에 실크 심지를 붙입니다.

2 펄코튼 5번사를 이용해 도안의 곡선을 백 스티치로 수놓으세요. 꽃 모양에는 48번, 잎 모양에는 3013번 실을 사용합니다.

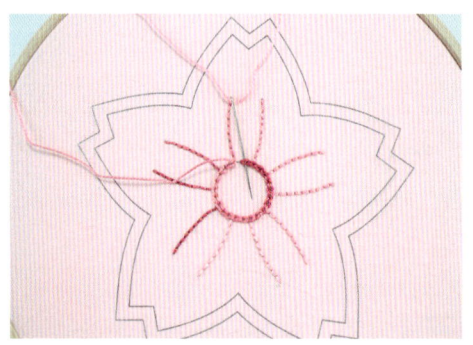

3 동그라미 부분을 체인 스티치로 수놓으세요. 마지막 한 땀을 남겨두고 제일 첫 번째 체인의 밑으로 바늘을 통과시킵니다.

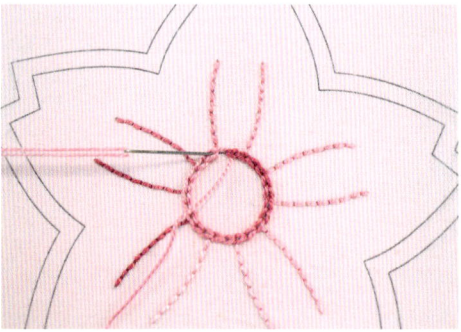

4 제일 마지막 체인이 나왔던 자리로 바늘을 넣어주세요.

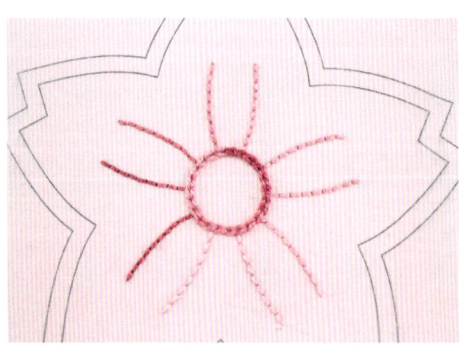

5 동그라미 모양이 보기 좋게 마무리되었습니다.

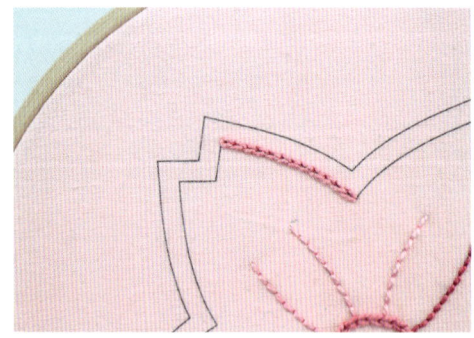

6 체인 스티치가 꺾일 때는 일단 체인의 바깥으로 바늘을 넣어 마무리합니다.

How to make

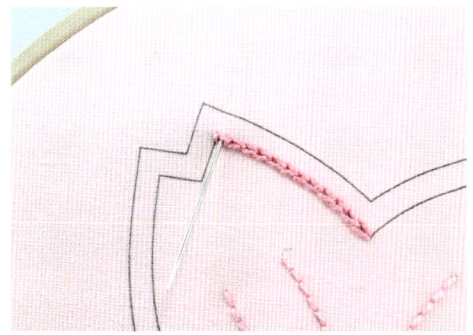

7 마지막 체인의 안쪽에서 바늘을 꺼냅니다.

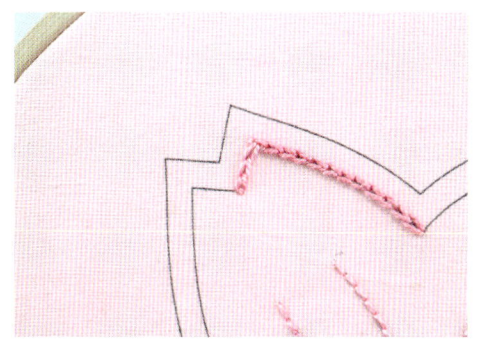

8 새로운 체인 스티치를 진행합니다.

9 자수가 완성되었습니다. 나뭇잎도 같은 요령으로 수놓습니다.

10 원단의 겉끼리 마주대고 시침핀으로 고정하세요.

11 4~5cm가량의 창구멍을 남겨두고 손바느질이나 재봉틀을 이용하여 완성선을 박음질합니다. 바늘땀이 너무 길지 않게 해주세요.

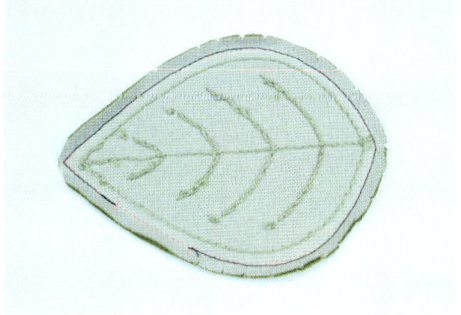

12 시접을 약 7mm 남겨두고 원단을 자르세요. 곡선에는 가윗밥을 주고 모서리는 대각선으로 자릅니다. 이때 박음질한 실을 자르지 않도록 완성선에서 2mm 남겨두세요.

How to make

13 창구멍을 통해 뒤집고 시접을 눌러줍니다.

14 공그르기로 창구멍을 막아주세요.

15 바닥에 수건을 깔고 다림질하면 완성입니다. 다리미가 실에 직접 닿지 않게 주의하세요.

미모사 브로치

간단한 스티치 기법으로 수놓는 귀여운 미모사 브로치입니다.
캐주얼한 옷이나 에코백 같은 가방에도 잘 어울립니다.

❀ 필요한 재료

원단 : 리넨 11수(블랙 컬러)

사용한 자수실 : DMC 25번 3362, 3364, 4075

기타 재료 : 지름 5cm 싸개 브로치 부속, 글루건, 재봉사 또는 퀼팅실

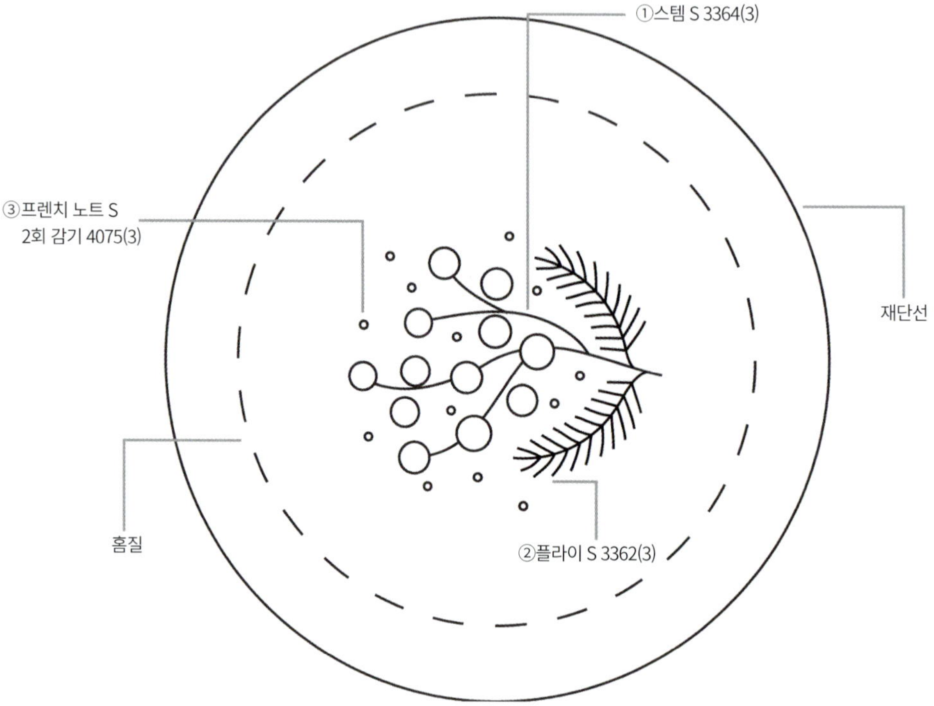

① 스템 S 3364(3)

③ 프렌치 노트 S
2회 감기 4075(3)

재단선

홈질

② 플라이 S 3362(3)

How to make

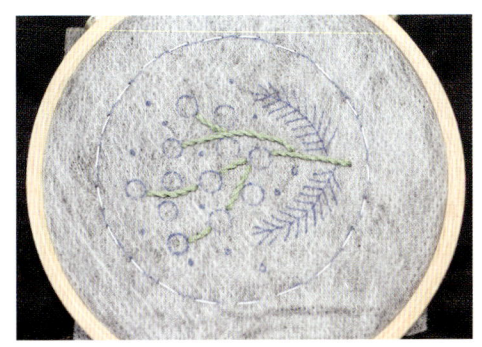

1 꽃잎이 들어갈 부위를 제외하고 스템 스티치로 모든 줄기를 수놓으세요.

2 플라이 스티치로 잎을 수놓습니다.

3 바늘에 실을 2회 감은 프렌치 노트 스티치로 꽃잎을 표현하세요.

4 브로치 만드는 방법(178쪽 참고)대로 브로치를 완성합니다.

수국 키친 클로스

간단한 스티치로 수놓는 수국으로 일상 생활용품에 멋을 더해보세요. 베리에이션사를 사용하면
색의 조화가 자연스럽고, 수놓는 중간에 실 색을 바꿔야 하는 번거로움도 피할 수 있습니다.

✽ 필요한 재료

원단 : 냅킨 40cm × 40cm 사이즈 (이케아 제품)
사용한 자수실 : DMC 25번사 561, 562, 605, 819, 4220, 4260

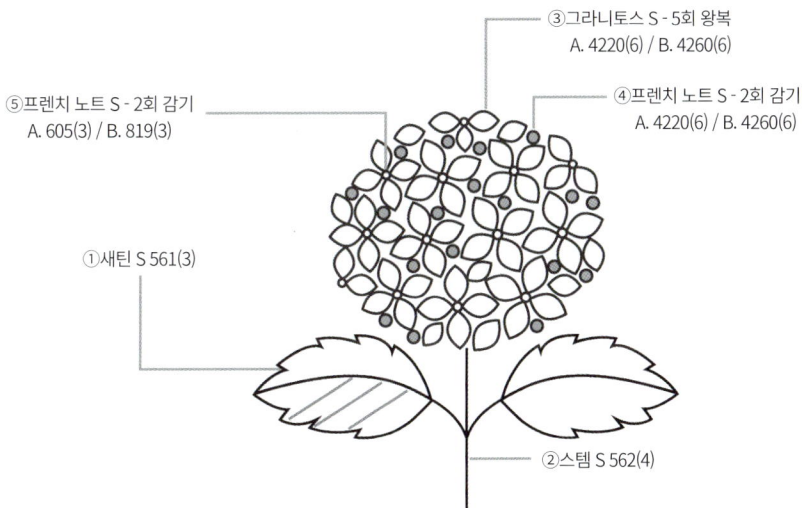

③그라니토스 S - 5회 왕복
A. 4220(6) / B. 4260(6)

⑤프렌치 노트 S - 2회 감기
A. 605(3) / B. 819(3)

④프렌치 노트 S - 2회 감기
A. 4220(6) / B. 4260(6)

①새틴 S 561(3)

②스템 S 562(4)

※ A는 보라색 톤 꽃잎 : 4220, 605 사용
※ B는 분홍색 톤 꽃잎 : 4260, 819 사용

How to make

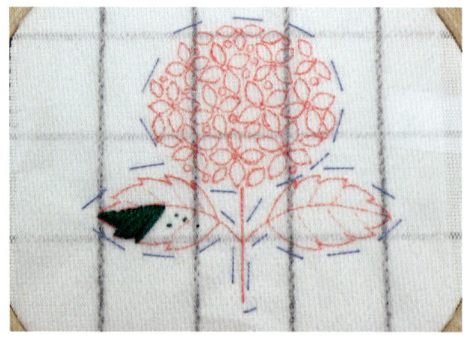

1 잎을 절반으로 나눠 가운데부터 새틴 스티치를 시작합니다. 가장자리에서 바늘을 내보내 잎맥 쪽으로 바늘을 넣으세요.

2 절반을 다 채우면 뒷면의 실 밑으로 바늘을 통과시켜 반대편으로 나옵니다.

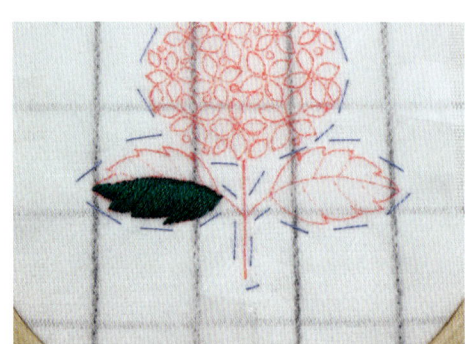

3 나머지 절반을 마저 수놓으세요.

4 같은 방식으로 반대편 잎을 수놓습니다. 줄기는 스템 스티치로 수놓으세요.

How to make

5 그라니토스 스티치로 수국의 꽃잎을 수놓습니다. 같은 자리를 5회 왕복하세요. 바늘이 수놓았던 실을 가르며 나오지 않도록 주의하세요.

6 꽃잎을 수놓았던 실 그대로 도안의 회색 부분을 프렌치 노트 스티치로 채우세요. 이때 바늘에 실을 2회씩 감습니다.

7 꽃잎 4개의 중앙에 프렌치 노트 스티치를 1개 수놓으세요. 과정 6과 마찬가지로 실을 바늘에 2회 감습니다.

8 수국 키친 클로스가 완성되었습니다.

은방울꽃 부케

결혼하는 신부들에게 인기가 많은 은방울꽃 부케입니다.
은방울꽃은 순결, 정절, 다시 찾은 행복 등의 꽃말을 가지고 있어요.

❋ 필요한 재료

원단 : 리넨 11수(톤다운 블루 컬러)

사용한 자수실 : DMC 8번 602, 3688, 3865 / DMC 25번 471, 904, 3345, 4045, light effect E316

기타 재료 : 진주 비즈(지름 3mm), 투명사, 캔버스 액자

② 스템 S 471(4), 3345(4)
③ 백 S, 롱 앤드 쇼트 S 8번사 3865
⑤ 스템 S 8번사 602
⑥ 리버스 체인 S E316(2)
① 스플릿 S 904(3), 3345(3), 4045(3)
④ 플라이 S, 새틴 S 8번사 3688

How to make

1 잎은 스플릿 스티치로 외곽선을 먼저 수놓은 후 안쪽을 채우세요.

2 줄기는 모두 스템 스티치로 수놓으세요.

3 은방울꽃의 외곽선 안쪽을 백 스티치한 후 꽃잎의 가장자리부터 롱 앤드 쇼트 스티치로 수놓습니다.

4 꽃잎의 상단은 가운데부터 롱 앤드 쇼트 스티치로 채우세요. 이전 스티치의 사이사이에 바늘을 넣어 자연스럽게 표현합니다.

5 같은 방식으로 모든 꽃잎을 수놓으세요.

6 리본의 안쪽은 촘촘하게 플라이 스티치로 수놓고, 플라이 스티치를 할 수 없는 곳은 새틴 스티치로 채우세요.

― How to make ―

7 리본의 테두리를 스템 스티치로 수놓으세요.

8 나머지 리본은 리버스 체인 스티치로 수놓습니다.

9 투명사를 바늘에 꿰어 원하는 위치에 진주 비즈를 달아주세요.

10 은방울꽃 부케 자수가 완성되었습니다.

알리움 책갈피

늦은 봄에서 초여름 사이에 피어나는 동글동글 귀여운 꽃 알리움을 수놓아보세요.
뒷면에 펠트를 붙여 적당한 크기로 자르면 책갈피로도 사용할 수 있습니다.

❀필요한 재료

원단 : 리넨 11수(블랙 컬러)
사용한 자수실 : DMC 25번 04, 520, 3834, 3835, 3836
기타 재료 : 양면 접착심지, 하드 펠트지, 황마 끈

③백 S 520(2)

⑤프렌치 노트 S - 2회 감기
3836(3), 3836(1)+3835(2)

⑥프렌치 노트 S - 2회 감기 3834(2)

④레이지 데이지 S + 스트레이트 S
3836(3), 3836(1)+3835(2)

②굵은 스템 S 520(6)

①백 S 04(2)
프렌치 노트 S - 1회 감기 04(2)

allium

※꽃잎의 연한 부분은 3836번 3가닥을 사용하고, 진한 부분은 3835번 2가닥과 3836번 1가닥을 합쳐서 사용합니다.

How to make

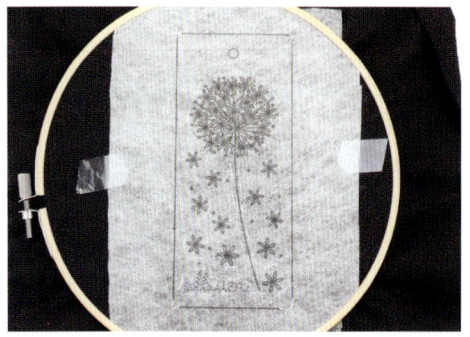

1 원단이 검은색이므로 수용성 심지를 사용해 도안을 옮깁니다.

2 글씨는 백 스티치로 수놓으세요. 많이 굽은 곳은 바늘땀을 짧게 합니다. 'i'의 점 부분은 실을 1회 감아 프렌치 노트 스티치로 수놓으세요.

3 줄기는 '굵은 스템 스티치'로 수놓으세요. 스티치끼리 서로 반 땀씩 겹치는 보통의 스템 스티치보다 더 많이 겹쳐 두껍게 수놓습니다.

4 꽃의 안쪽은 방사형으로 백 스티치로 수놓으세요.

5 꽃잎은 레이지 데이지 스티치로 수놓고 그 위를 스트레이트 스티치로 덮어서 도톰하게 표현합니다. 작은 꽃은 같은 실을 이용해 프렌치 노트 스티치로 수놓습니다.

6 하단에 있는 꽃은 진한 색 자수실 2가닥과 연한 색 1가닥을 합쳐 이전 단계와 똑같이 수놓습니다.

――――――――――――――――――― How to make ―――――――――――――――――――

7 6개의 꽃잎 중앙에 프렌치 노트 스티치를 수놓으세요.

8 알리움을 완성하였습니다.

9 양면 접착심지를 사용해 하드 펠트지와 수놓은 천을 붙입니다.

10 책갈피 모양대로 잘라준 다음 상단에 구멍을 뚫어 황마 끈을 걸면 완성입니다.

카네이션 꽃다발

카네이션은 모정, 감사, 사랑, 존경 등의 꽃말을 가지고 있어요.
사랑과 존경을 담아 정성스럽게 수놓은 자수 꽃다발을 선물해보세요.

❀ 필요한 재료

원단 : 리넨 11수(백아이보리 컬러)
사용한 자수실 : DMC 25번 561, 3815, 3816, 3831, 3838, 3840, 4170

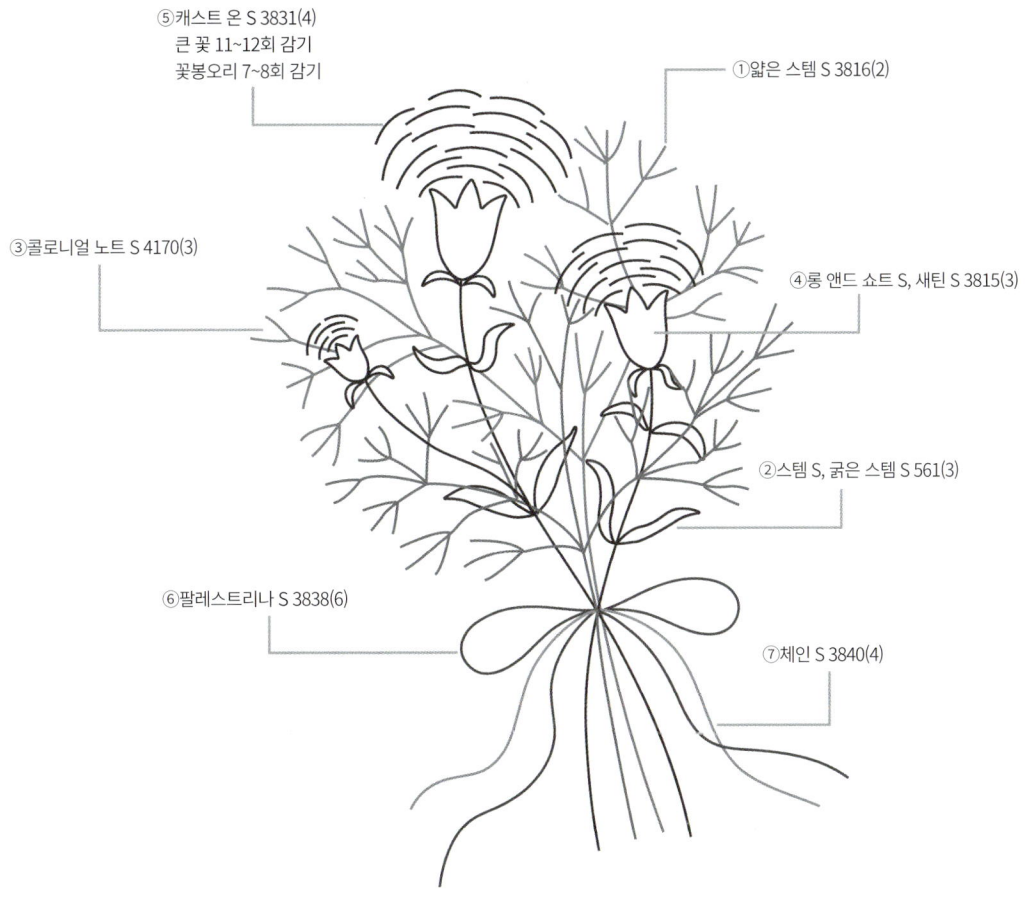

How to make

1. 안개꽃 가지는 얇은 스템 스티치로 수놓으세요.

2. 카네이션 줄기는 스템 스티치로, 잎은 굵은 스템 스티치로 수놓습니다.

3. 안개꽃 가지의 모든 끝과 가지 사이사이를 콜로니얼 노트 스티치로 수놓으세요.

4. 꽃받침은 롱 앤드 쇼트 스티치로 채우세요. 좁은 부위는 새틴 스티치로 대신합니다.

How to make

5 카네이션 꽃잎은 가장자리부터 바늘 2개를 이용한 캐스트 온 스티치를 수놓습니다. 큰 꽃을 수놓을 때는 바늘에 11~12회, 작은 꽃봉오리는 7~8회 감아줍니다.

6 꽃받침과 꽃잎의 연결 부위는 스트레이트 스티치로 채웁니다.

7 리본은 팔레스트리나 스티치로 수놓으세요.

8 나머지 리본은 체인 스티치로 수놓습니다.

사계절 꽃자수
PART 2

여름

히비스커스 플라밍고 액자

여름 하면 떠오르는 열대지방의 꽃 히비스커스와 플라밍고는 실제로 본 적은 없지만
상상만 해도 어쩐지 이름 모를 바닷가 휴양지가 생각납니다.

❁ 필요한 재료

원단 : 리넨 11수(화이트 컬러)

사용한 자수실 : DMC 8번 991 / DMC 25번 310, 319, 349, 350, 351, 725, 819, 962, 987, 988, 3345, 3716, 3803

How to make

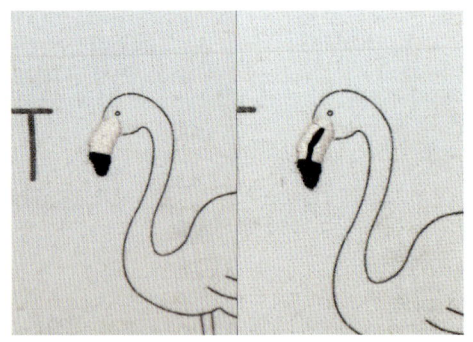

1. 플라밍고 부리는 2가지 색으로 나누어 새틴 스티치로 수놓습니다. 부리 가운데를 백 스티치로 수놓아 경계를 표시합니다.

2. 스플릿 스티치로 외곽선 먼저 수놓고, 안쪽을 사진과 같은 방식으로 세분하여 사이사이를 채우세요.

3. 바늘에 실을 2회 감은 프렌치 노트 스티치로 눈을 표시합니다.

4. 다리는 백 스티치로 외곽선부터 채우고 관절 부위는 실을 3회 감아 프렌치 노트 스티치로 수놓습니다.

5. 야자수 잎은 새틴 스티치로 채웁니다.

6. 줄기는 아웃라인 스티치로 수놓으세요.

How to make

7 몬스테라는 잎맥을 따라 체인 스티치로 채웁니다.

8 체인 스티치 위를 스템 스티치로 수놓아 잎맥을 표시해주세요.

9 히비스커스 잎은 중앙의 끝부분부터 새틴 스티치로 촘촘하게 수놓습니다.

10 방향선을 먼저 표시한 후 꽃잎을 자연스럽게 새틴 스티치로 수놓습니다.

11 꽃술은 스템 스티치와 콜로니얼 노트 스티치로 수놓으세요.

12 글씨는 8번사를 사용하여 체인 스티치로 수놓습니다.

수레국화와 라벤더 리스

청량한 파란색의 수레국화를 처음 만난 것은 찻잔이었어요.
수레국화는 행복이라는 꽃말을 가지고 있어요.

❋ 필요한 재료

원단 : 리넨 11수(백아이보리 컬러)

사용한 자수실 : DMC 25번 48, 209, 210, 211, 310, 333, 3746, 4045, B5200, light effect E168

How to make

1   글씨는 스플릿 백 스티치로 수놓습니다.

2   라벤더 줄기는 꽃잎 부분을 제외하고 스템 스티치로 수놓으세요.

3   잎도 스템 스티치로 채웁니다.

4   레이지 데이지 스티치로 수놓은 다음 안쪽에 스트레이트 스티치를 하여 라벤더 꽃잎을 수놓으세요.

5   작은 꽃은 그라니토스 스티치(3회 왕복)로 수놓습니다.

6   5개의 꽃잎 가운데는 바늘에 실을 2회 감아 프렌치 노트 스티치를 수놓습니다.

How to make

7   수레국화 꽃잎은 외곽선 먼저 스플릿 스티치로 수놓고, 사진과 같이 작은 부분으로 세분한 뒤 그 사이를 채우는 방식으로 수놓습니다.

8   나머지 꽃잎도 마저 채우세요. 2가지 색상을 교대로 사용했습니다.

9   메탈릭사로 꽃의 가운데에 스트레이트 스티치를 방사형으로 수놓아 마무리합니다.

나팔꽃 티코스터

아침에만 피는 꽃인 나팔꽃을 수놓은 티코스터입니다.
'얼리 모닝 티'와 함께 상쾌한 하루를 시작하세요.

❀필요한 재료

원단 : 리넨 11수(파스텔 핑크 컬러)
사용한 자수실 : DMC 25번 433, 744, 989, 3346, 3347, 3829, 3844, 3845, 3846, B5200
기타 재료 : 실크 심지, 재봉사 또는 퀼팅실

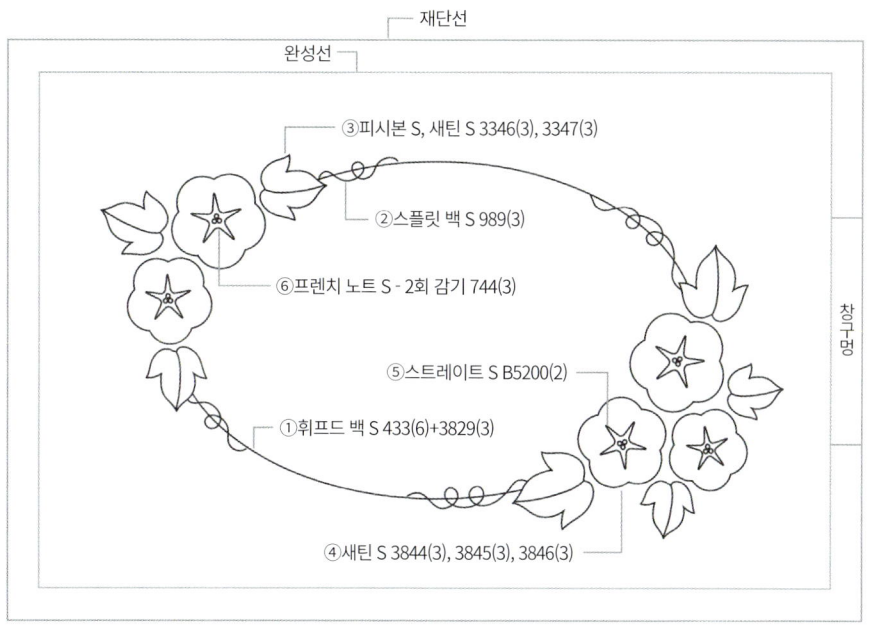

※재단선이라고 표시된 부위를 따라 자릅니다. 같은 크기로 1장 더 재단하세요.

60% 축소(실제 크기 도안 별첨)

How to make

1 시접을 포함한 티코스터의 전체 크기보다 약간 크게 실크 심지를 잘라 천의 뒷면에 붙입니다. 이것을 1장 더 준비하세요.

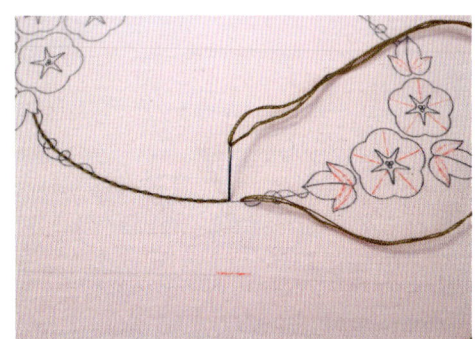

2 테두리를 백 스티치로 수놓습니다. 나중에 바늘을 통과해야 하므로 간격은 너무 좁지 않게 하세요.

3 다른 색의 실을 감아 휘프드 백 스티치를 완성합니다.

4 스플릿 백 스티치로 덩굴을 수놓으세요.

5 잎을 사진과 같이 세 부분으로 나누어 펜으로 표시합니다.

6 가장 넓은 부분은 피시본 스티치로 채웁니다.

How to make

7 아랫부분은 피시본 스티치의 결에 맞춰 새틴 스티치로 채우세요.

8 꽃잎의 가장 넓은 부분을 스트레이트 스티치로 수놓습니다.

9 그 안쪽을 새틴 스티치로 촘촘하게 채우세요.

10 먼저 방사형으로 스트레이트 스티치를 수놓은 후 나머지 공간을 마저 채웁니다.

11 바늘에 2회 감은 프렌치 노트 스티치 3개로 꽃술을 표현하여 자수를 완성합니다.

12 앞장, 뒷장의 겉면끼리 마주 대고 포개놓은 뒤 시침핀을 꽂아 임시로 고정하세요.

How to make

13 창구멍을 제외하고 완성선을 재봉하세요. 시접 모서리를 대각선으로 자르세요.

14 시접을 눌러 다리고 창구멍을 통해 뒤집습니다. 공그르기로 창구멍을 막고 다림질하여 완성하세요.

단발머리 소녀 액자

들장미 화관을 쓴 단발머리 소녀를 자수로 표현해봤어요.
패브릭 마커로 얼굴을 채색하니까 순정만화 같은 인상이에요.

❀ 필요한 재료

원단 : 리넨 11수(백아이보리 컬러)

사용한 자수실 : DMC 에뚜알 C823 / DMC 메탈릭 283 / DMC 25번 156, 310, 520, 3362, 3835, 3838, BLANC

기타 재료 : Zig 패브릭 마커 natural beige, 진주 비즈 4mm, 퀼팅실

③ 스템 S, 피시본 S 520(1)+3362(2)

② 스플릿 S 에뚜알 C823(3)

① 백 S, 새틴 S 310(1)

⑤ 백 S, 롱 앤드 쇼트 S
바깥쪽 156(3)
안쪽 156(1)+3838(2)

④ 스템 S, 그라니토스 S - 3회 왕복 3835(3)

⑥ 콜로니얼 노트 S
바깥쪽 - 메탈릭사 283(2)
안쪽 - BLANC(1)

How to make

1 패브릭 마커로 얼굴을 색칠하세요. 한 부위를 여러 번 칠하면 색이 진하게 표현됩니다.

2 얼굴의 외곽선은 백 스티치로, 눈동자는 새틴 스티치로 수놓으세요.

3 머리카락은 방향선을 먼저 표시한 뒤 스플릿 스티치로 수놓습니다. 스플릿 스티치가 어려운 좁은 부위는 새틴 스티치로 채우세요.

4 나뭇잎과 꽃잎 같은 큰 부위를 제외하고 모두 스플릿 스티치로 덮어줍니다.

5 520번 1가닥, 3362번 2가닥을 합쳐서 사용하세요. 나뭇잎의 줄기는 스템 스티치로 먼저 수놓고, 잎은 피시본 스티치로 촘촘하게 채웁니다.

6 보라색 가지의 줄기는 스템 스티치로, 작은 잎은 그라니토스 스티치(같은 자리를 3회 왕복함)로 수놓으세요.

How to make

7 들장미를 수놓기 전, 사진과 같이 열 펜으로 방향선을 표시합니다.

8 꽃잎의 외곽선 안쪽을 백 스티치로 둘러주세요. 가장자리를 도드라지게 표현하기 위한 작업입니다.

9 꽃잎의 중앙부터 시작하여 롱 앤드 쇼트 스티치로 수놓습니다. 이때 백 스티치를 덮으며 작업하세요.

10 나머지 절반도 같은 방법으로 채웁니다.

How to make

11 156번 1가닥과 3838번 2가닥을 섞어서 꽃잎의 안쪽을 롱 앤드 쇼트 스티치로 수놓습니다. 이전 스티치의 사이사이에 바늘을 찔러 넣어야 결이 자연스럽습니다.

12 나머지 꽃잎도 같은 방식으로 모두 수놓으세요.

13 꽃의 중앙은 먼저 면사를 이용해 콜로니얼 노트 스티치로 채운 다음 바깥쪽을 메탈릭사로 눌러수세요.

14 지름 4mm짜리 진주 비즈 10개를 퀼팅실에 한번에 꿰어 목 부분에 올려놓고, 비즈와 사이사이를 실로 고정하면 완성입니다.

079

미니 장미 리스

제가 사는 곳에서는 매년 초여름마다 장미 축제가 열려요.
각양각색의 수천 송이 장미와 보낸 그때의 즐거운 기억을 스티치로 담아보았습니다.

❋ 필요한 재료

원단 : 리넨 11수(오트밀 컬러)
사용한 자수실 : DMC 25번 962, 3716, 3750, 3847, 3848

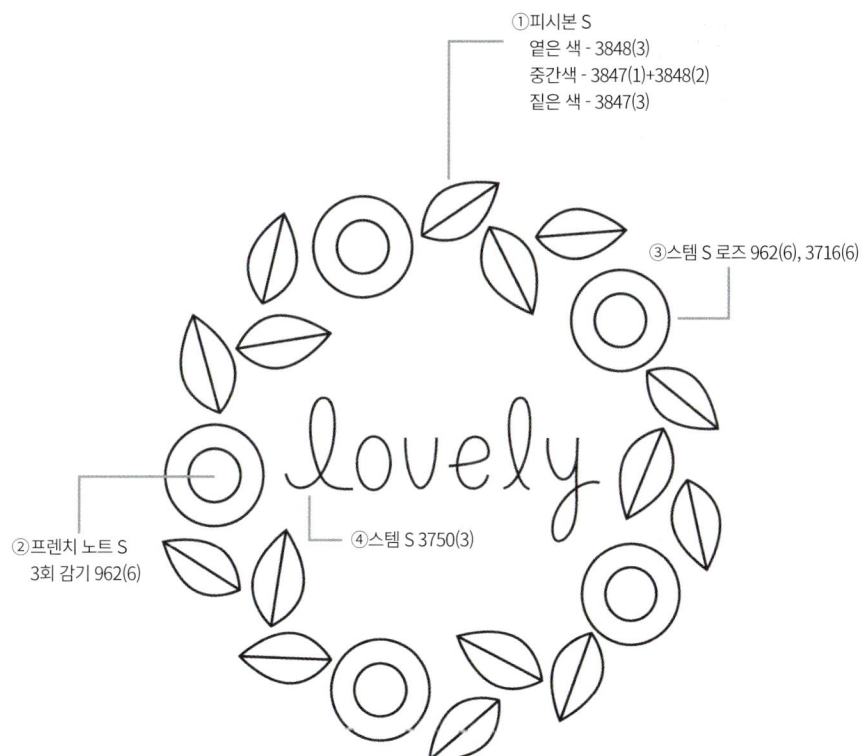

① 피시본 S
  옅은 색 - 3848(3)
  중간색 - 3847(1)+3848(2)
  짙은 색 - 3847(3)

③ 스템 S 로즈 962(6), 3716(6)

④ 스템 S 3750(3)

② 프렌치 노트 S
  3회 감기 962(6)

How to make

1 잎은 피시본 스티치로 수놓습니다. 중간색은 2가지 색상의 실을 섞어서 표현하세요.

2 꽃의 가운데를 바늘에 3회 감은 프렌치 노트 스티치로 수놓습니다.

3 프렌치 노트 스티치의 바깥을 스템 스티치 로즈로 수놓습니다. 바깥쪽은 옅은 색의 실을 사용하세요. 스티치를 할 때마다 실을 너무 바짝 당기지 않도록 주의해야 합니다.

4 글씨를 스템 스티치로 수놓습니다. 굴곡이 심한 구간은 바늘땀을 아주 좁게 하세요.

장미 손거울

비즈로 화려함을 더한 장미 손거울입니다.
선물로도 아주 좋아요.

❀ 필요한 재료

원단 : 리넨 11수(블랙 컬러)

사용한 자수실 : DMC 25번 20, 301, 352, 520, 819, 3348

기타 재료 : 시드 비즈(지름 2mm), 진주 비즈(지름 4mm), 재봉사 또는 퀼팅실, 콤팩트형 손거울 반제품, 소프트 펠트지, 글루건

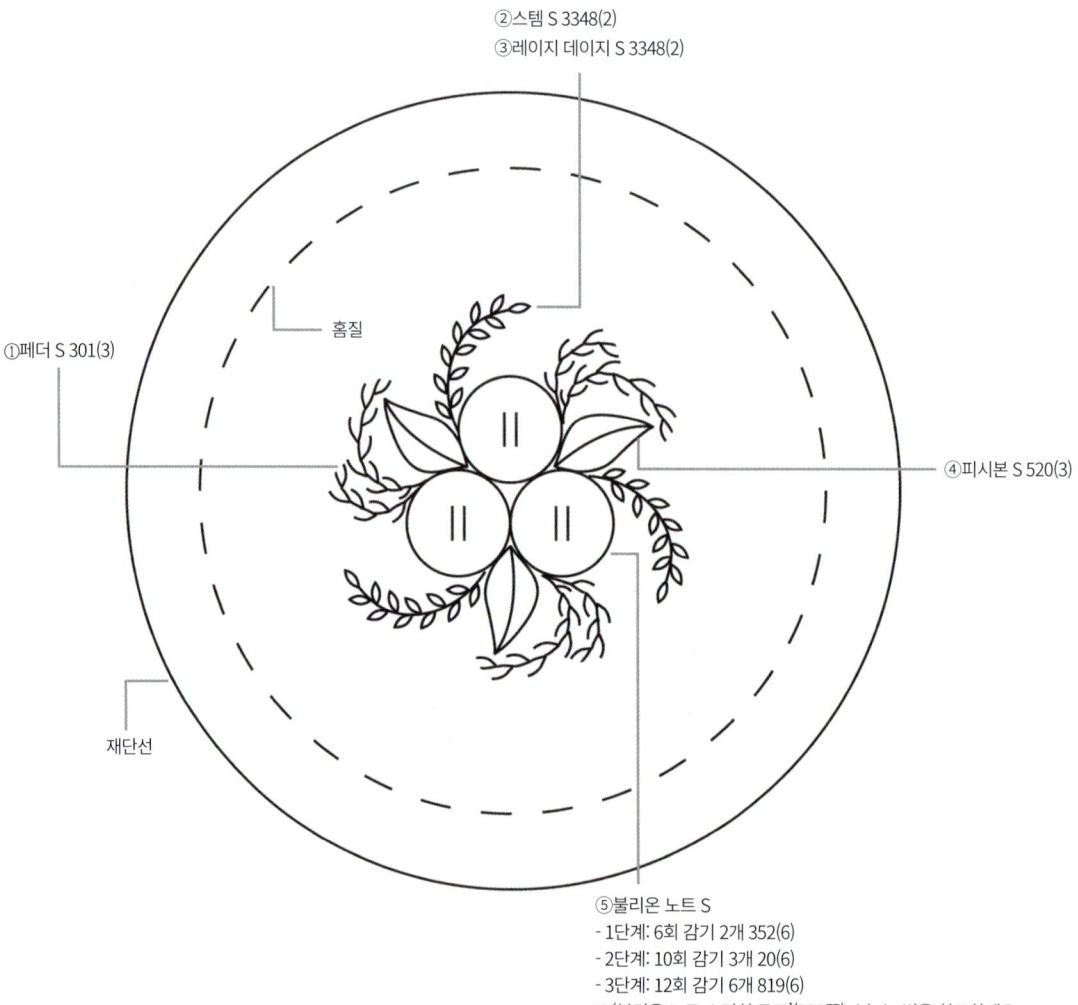

②스템 S 3348(2)
③레이지 데이지 S 3348(2)

홈질

①페더 S 301(3)

④피시본 S 520(3)

재단선

⑤불리온 노트 S
- 1단계: 6회 감기 2개 352(6)
- 2단계: 10회 감기 3개 20(6)
- 3단계: 12회 감기 6개 819(6)

※'불리온 노트 스티치 로즈'(220쪽) 수놓는 법을 참고하세요.

How to make

1 가지의 끝부터 페더 스티치로 수놓습니다.

2 줄기를 스템 스티치로 수놓고 작은 잎을 레이지 데이지 스티치로 수놓으세요.

3 피시본 스티치로 잎을 수놓습니다.

4 불리온 노트 스티치 로즈로 장미를 수놓으세요.

5 장미 가운데에 지름 4mm의 진주 비즈를 바느질하여 붙이고 사이사이에 지름 2mm의 시드 비즈를 자유롭게 붙입니다.

캐모마일 벽걸이 장식

단정하고 고운 꽃, 캐모마일을 초콜릿 색 리넨에 수놓았어요.
그중에서도 꽃술이 봉긋 솟은 저먼 캐모마일은 정말 매력적이에요.

❀필요한 재료

원단 : 리넨 11수(초콜릿 컬러)
사용한 자수실 : DMC 25번 166, 726, 727, 3862, 4066, B5200
기타 재료 : 하드 펠트지(유수지), 양면 접착심지, 면 끈

How to make

1 가장 바깥 테두리는 스템 스티치로 수놓습니다. 도안선의 움푹 들어간 지점부터 바느질을 시작하세요.

2 안쪽 테두리는 리버스 체인 스티치로 수놓습니다. 과정 1과 마찬가지로 움푹 들어간 부분부터 수놓으며, 리버스 체인 스티치의 시작은 레이지 데이지 스티치로 합니다.

3 리버스 체인 스티치로 곡선을 수놓을 때는 직선을 수놓을 때보다 땀의 길이를 줄이세요.

4 줄기는 스템 스티치로, 꽃받침은 스트레이트 스티치로 수놓습니다.

5 잎은 가장 긴 부분부터 페더 스티치로 수놓습니다.

6 나머지 부위는 페더 스티치 밑을 통과시켜 연결합니다.

How to make

7 플라이 스티치, 페더 스티치로 연결하기 어려운 부분은 스트레이트 스티치로 대신합니다.

8 꽃잎은 가운데부터 시작하여 양쪽 절반씩 새틴 스티치로 수놓습니다. 실이 꼬이지 않아야 결이 곱게 나오니 수놓는 중간중간 잘 풀어주세요.

9 나머지 꽃잎도 새틴 스티치로 채우세요.

10 꽃술은 절반으로 나눈 후, 하단을 먼저 프렌치 노트 스티치로 채웁니다.

11 꽃술의 상단은 하단보다 좀더 밝은 색으로 채우세요.

12 캐모마일 자수가 완성되었습니다.

How to make

13 '수놓은 천-양면 접착심지-펠트지' 순으로 포개놓고, 펠트지 방향에서 다리미로 열을 가해 접착시킵니다(양면 접착심지 사용법 183쪽 참고).

14 테두리 선에서 5~7mm 남겨두고 가위로 자르세요.

15 타공 펀치로 상단에 구멍을 뚫고 면 끈을 끼우면 완성입니다.

프렌치 라벤더 액자

상쾌한 향과 보라색 꽃이 인상적인 라벤더는 품종이 여러 가지 있어요.
그중에서 꽃잎이 토끼 귀처럼 생긴 라벤더를 흔히 프렌치 라벤더라고 불러요.

❊ 필요한 재료

원단 : 리넨 11수(백아이보리 컬러)
사용한 자수실 : DMC 520, 550, 552, 554, 603, 605, 3346, 3364
기타 재료 : 퀼팅실, 면 끈

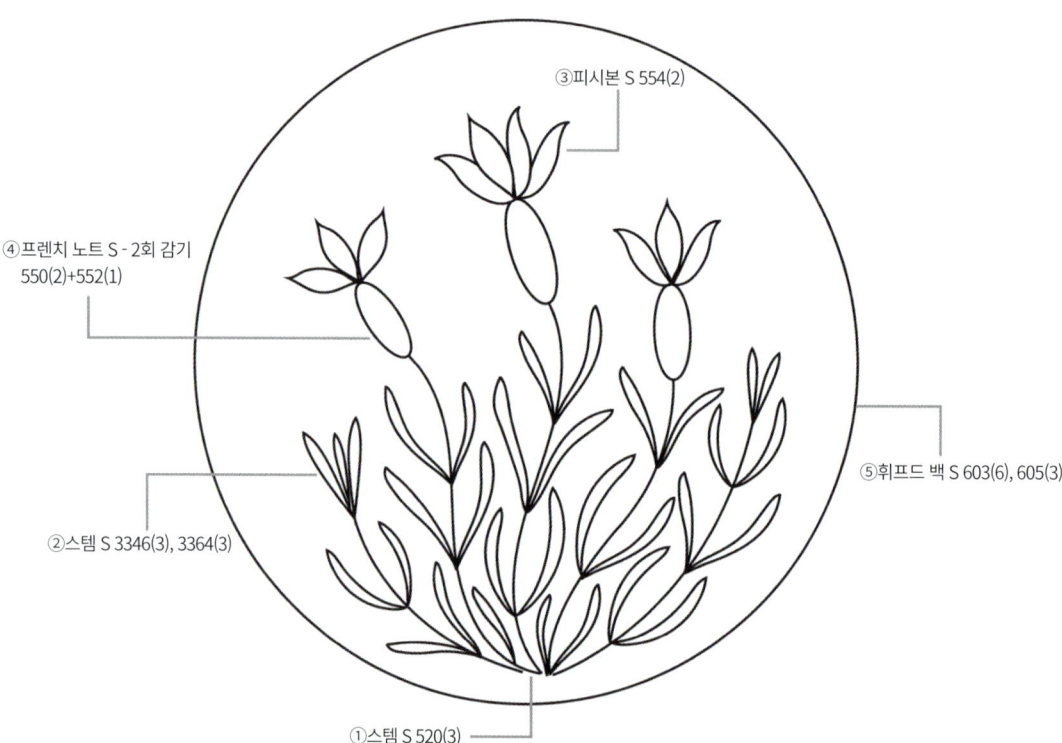

③ 피시본 S 554(2)
④ 프렌치 노트 S - 2회 감기
550(2)+552(1)
⑤ 휘프드 백 S 603(6), 605(3)
② 스템 S 3346(3), 3364(3)
① 스템 S 520(3)

How to make

1 줄기는 스템 스티치로 수놓으세요. 잎은 스템 스티치로 테두리를 먼저 수놓고 그 안쪽을 채웁니다.

2 줄기의 상단에 달린 잎은 밝은 색, 하단에 달린 잎은 진한 색으로 수놓습니다.

3 토끼 귀 같은 꽃잎은 피시본 스티치로 채웁니다.

4 아랫부분은 2가지 색의 실을 섞어 프렌치 노트 스티치로 수놓습니다.

5 프레임 부분은 백 스티치로 수놓으세요. 바늘땀의 간격은 너무 좁지 않게 주의합니다.

6 연한 색의 실로 백 스티치를 마디마다 감아 휘프드 백 스티치를 완성합니다.

라벤더 삼각 향주머니

방 안에 걸어두어 은은한 꽃향기를 즐겨보세요.
하루 만에 완성할 수 있는 작고 예쁜 자수 소품입니다.

🌸 필요한 재료

원단 : 리넨 11수(오트밀 컬러)
사용한 자수실 : DMC 25번 208, 209, 210, 601, 4045
기타 재료 : 실크 심지, 황마 끈 42cm, 재봉사 또는 퀼팅실, 말린 라벤더 꽃잎

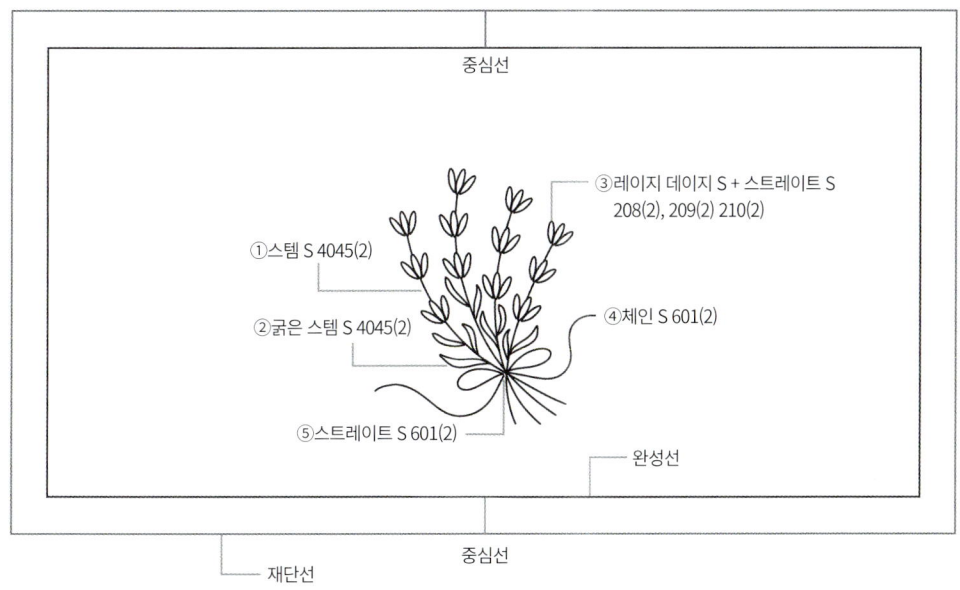

70% 축소(실제 크기 도안 별첨)

How to make

1 수놓기 전, 뒷면에 실크 심지를 붙이세요.

2 꽃이 들어갈 자리를 제외하고 줄기는 스템 스티치로 수놓습니다.

3 반 땀보다 더 많이 겹쳐서 수놓는 '굵은 스템 스티치'로 잎을 채우세요.

4 꽃잎은 레이지 데이지 스티치를 한 후 안쪽을 스트레이트 스티치로 채우세요. 3개의 꽃잎 중 좌우를 먼저 수놓고, 가운데를 마지막에 수놓습니다.

5 리본은 체인 스티치로 수놓습니다. 도안선이 많이 굽은 곳은 땀 길이를 줄이세요. 여러 줄기가 겹쳐지는 부위는 스트레이트 스티치 3땀으로 덮어주세요.

6 황마 끈을 42cm 길이로 잘라서 사진과 같이 상단의 중앙에 놓고 좌우로 여러 번 박음질하여 고정합니다. 이때 고정 부위가 완성선 밑으로 가지 않게 주의하세요.

How to make

7 겉끼리 마주보도록 반으로 접고 시침핀으로 고정하세요.

8 상단과 왼쪽의 완성선을 따라 뒤집어진 'ㄱ'자로 박음질(촘촘하게 백 스티치)하고, 모서리를 대각선으로 자르세요. 모서리 시접은 2mm 정도 남깁니다.

9 겉이 보이도록 뒤집어줍니다.

10 말린 라벤더 꽃잎을 주머니에 넣습니다. 주머니 용량의 1/2 ~ 2/3만 채우세요.

11 시접을 안쪽으로 꺾어 넣은 다음 도안 중앙과 재봉선을 맞춘 후 공그르기로 봉합하세요.

12 라벤더 삼각 향주머니가 완성되었습니다.

물망초 리스

물망초는 '나를 잊지 말아요.'라는 꽃말 그대로 영어 이름이 'forget me not'이에요.
작은 보라색 꽃이 무리지어 핀 모습이 무척 사랑스러워요.

❀필요한 재료

원단 : 리넨 11수(화이트 컬러)

사용한 자수실 : DMC 에뚜알 C820 / DMC 25번 164, 166, 809, 987, 988, 989, 3822, 3838, 3840, 4180, BLANC

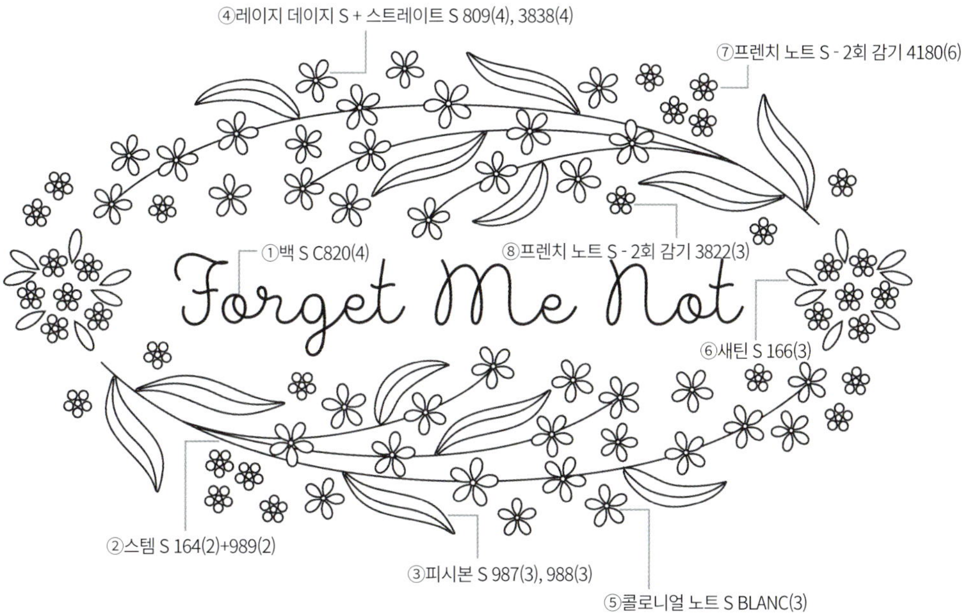

④레이지 데이지 S + 스트레이트 S 809(4), 3838(4)
⑦프렌치 노트 S - 2회 감기 4180(6)
①백 S C820(4)
⑧프렌치 노트 S - 2회 감기 3822(3)
Forget Me Not
⑥새틴 S 166(3)
②스템 S 164(2)+989(2)
③피시본 S 987(3), 988(3)
⑤콜로니얼 노트 S BLANC(3)

70% 축소(실제 크기 도안 별첨)

How to make

1 글씨는 백 스티치로 수놓습니다. 에뚜알은 실이 엉키기 쉬우니 사용할 때 주의하세요.

2 물망초 줄기는 2가지 색의 실을 섞어서 스템 스티치로 수놓습니다.

3 잎은 피시본 스티치로 수놓으세요.

4 꽃잎은 레이지 데이지 스티치로 수놓고 그 안쪽을 스트레이트 스티치로 채우세요.

5 5개의 꽃잎 가운데는 콜로니얼 노트 스티치로 수놓습니다.

6 분홍 꽃의 작은 잎은 새틴 스티치로 수놓습니다.

How to make

7 프렌치 노트 스티치 5개로 분홍 꽃의 꽃잎을 수놓습니다.

8 그 안쪽에 작은 프렌치 노트 스티치를 수놓아 꽃을 완성합니다.

9 물망초 리스 완성입니다.

사계절 꽃자수
PART 3

가을

유리병 자수 장식

작은 열매와 단풍잎 등 가을의 소중한 추억을
유리병 안에 담아 오래도록 간직해봅니다.

❀ 필요한 재료

원단 : 리넨 11수(내추럴 컬러)
사용한 자수실 : DMC 4번 2594 / DMC 25번 300, 433, 435, 469, 498, 922, 936, 977, 3051, 3820, 4521
기타 재료 : 하드 펠트지(2.5mm), 양면접착심지, 황마 캔버스(20cm×20cm), 재봉사 또는 퀼팅실

⑪ 스템 S, 백 S 2594

⑤ 스템 S 300(4)
⑥ 바깥쪽: 레이지데이지 S
　안쪽: 스트레이트 S 3820(3)

⑦ 스템 S 469(2)+3051(1)
⑧ 펀 S 469(2)+3051(1)

⑩ 페더 S 4521(6)

① 백 S 936(3)
② 프렌치 노트 S
　2회 감기 922(4)

⑨ 스플릿 S 433(3), 435(3), 977(3)

③ 피시본 S 498(3)
④ 아웃라인 S 498(3)

How to make

1 작은 열매 가지는 백 스티치로 수놓습니다.

2 작은 열매는 실을 2회 감아 프렌치 노트 스티치로 수놓으세요.

3 단풍잎은 갈라진 곳을 따라 7부분으로 나누고, 한 부분마다 피시본 스티치로 수놓습니다.

4 모든 잎을 채운 뒤 잎자루는 아우트라인 스티치로 수놓으세요.

5 잎맥은 스템 스티치로 수놓습니다.

6 테두리 부분을 길고 짧은 레이지 데이지 스티치로 수놓습니다.

How to make

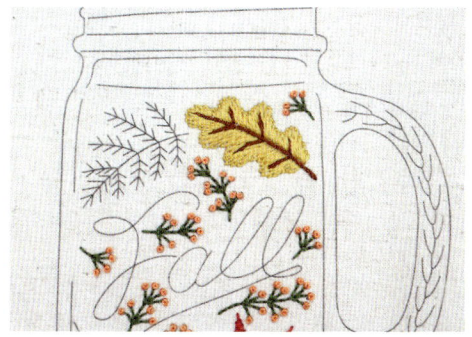

7 스트레이트 스티치로 안쪽의 빈 부분을 채우세요.

8 2가지 실을 섞어 고사리 줄기는 스템 스티치로, 잎은 펀 스티치로 수놓으세요.

9 스플릿 스티치로 가랑잎의 모든 부분을 수놓습니다.

10 손잡이 부분의 줄기는 페더 스티치로 수놓으세요.

11 유리병의 외곽선 부분은 4번사를 사용해 스템 스티치로 수놓으세요. 4번사처럼 두꺼운 실을 사용할 때에는 셔닐 바늘을 사용하는 것이 좋습니다.

12 안쪽에 있는 선은 백 스티치로 수놓아 마무리하세요.

국화 티백 오너먼트

어느 가을날 공원에서 크고 작고 노랗고 붉은 수천 송이 국화를 만난 후 국화의 매력을 알게 됐어요. 그중에서 노란 국화를 수놓아봤어요.

❈ 필요한 재료

원단 : 리넨 11수(백아이보리 컬러)
사용한 자수실 : DMC 25번 597, 3809, 3810, 3820, 3821
기타 재료 : 실크 심지, 재봉사 또는 퀼팅실, 토션 레이스(폭 10~15mm), 황토색 소프트 펠트지

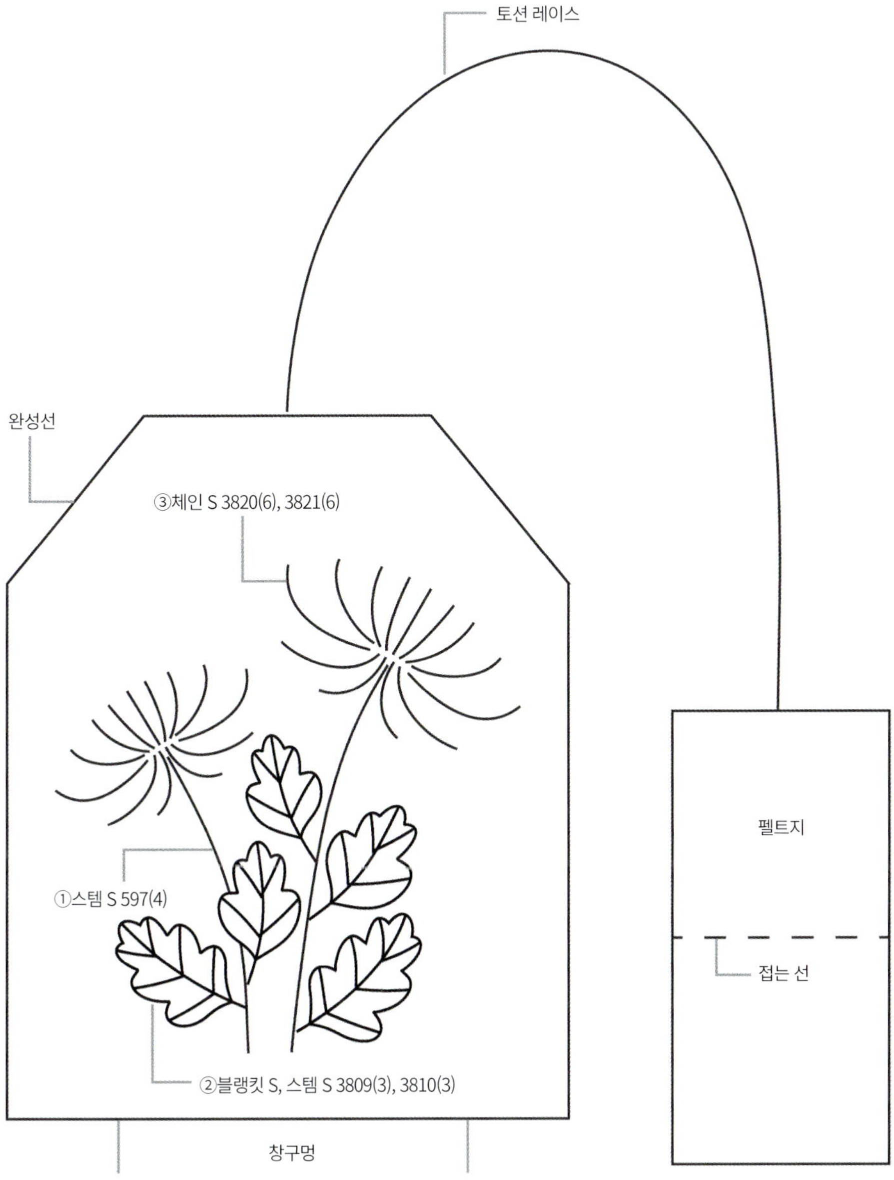

토션 레이스

완성선

③체인 S 3820(6), 3821(6)

①스템 S 597(4)

②블랭킷 S, 스템 S 3809(3), 3810(3)

창구멍

펠트지

접는 선

※도안에 시접은 표시되어 있지 않습니다. 완성선 바깥으로 사방 7mm씩 크게 2장을 재단하세요.
펠트지의 경우 시접 없이 완성선 그대로 자릅니다.

How to make

1 줄기를 스템 스티치로 수놓습니다.

2 블랭킷 스티치로 잎을 촘촘하게 수놓으세요.

3 반대편도 이어서 블랭킷 스티치로 수놓습니다.

4 꽃잎의 안쪽부터 체인 스티치로 수놓고 가장자리에서 마무리하세요. 꽃잎의 상단은 짙은 색, 하단은 옅은 색의 자수실을 사용합니다.

5 국화 자수가 완성되었습니다.

6 펠트지를 반으로 접은 다음 토션 레이스의 한쪽 끝을 끼웁니다. 중앙을 잘 맞춘 후 시침핀으로 고정하세요.

How to make

7 펠트지와 비슷한 색의 실을 사용하여 블랭킷 스티치로 3면을 재봉합니다.

8 앞판과 뒤판을 겉끼리 마주보게 대고 중앙에 레이스를 끼워 넣은 다음 시침핀으로 고정하세요.

9 창구멍을 제외한 면을 박음질합니다. 그런 다음 시접을 안쪽으로 접으세요. 모서리 부분은 너무 두꺼워지지 않게 대각선으로 잘라놓습니다.

10 겉이 보이도록 뒤집은 다음 공그르기로 창구멍을 막습니다.

11 깔끔하게 다림질을 마치면 완성입니다.

강아지풀 디퓨저 캔버스 액자

강아지풀을 꽂아놓은 가을 분위기의 디퓨저를 수놓았어요.
두꺼운 울사, 펠트지, 황마 끈 등 다양한 재료를 사용하였습니다.

❋ 필요한 재료

원단 : 리넨 11수(오트밀 컬러)
사용한 자수실 : DMC 태피스트리 울사 7241, ECRU / DMC 25번 327, 469, 772, 844, 3041, 3042, 3051, 3743, 3862
기타 재료 : 갈색 펠트지(무수지), 보라색 황마 끈, 캔버스 13cm×18cm

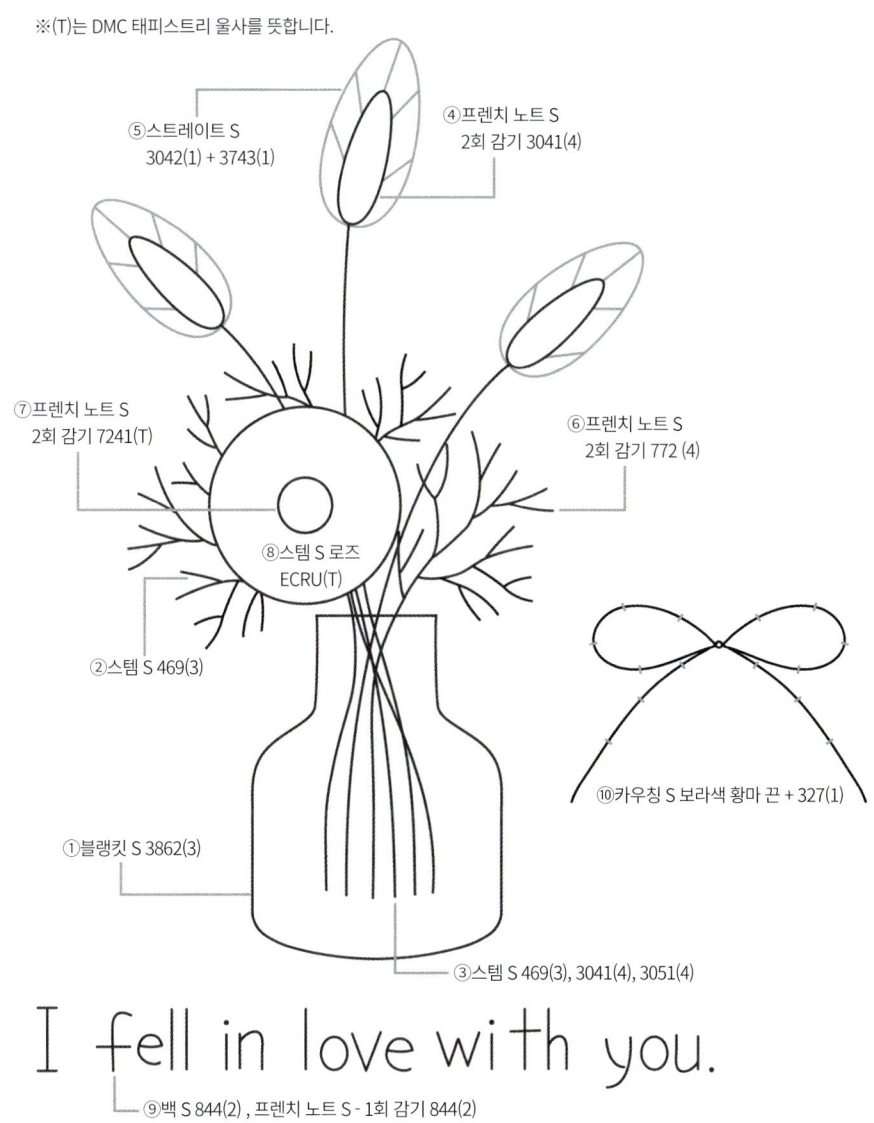

※ (T)는 DMC 태피스트리 울사를 뜻합니다.

⑤ 스트레이트 S
　3042(1) + 3743(1)

④ 프렌치 노트 S
　2회 감기 3041(4)

⑦ 프렌치 노트 S
　2회 감기 7241(T)

⑥ 프렌치 노트 S
　2회 감기 772 (4)

⑧ 스템 S 로즈
　ECRU(T)

② 스템 S 469(3)

⑩ 카우칭 S 보라색 황마 끈 + 327(1)

① 블랭킷 S 3862(3)

③ 스템 S 469(3), 3041(4), 3051(4)

I fell in love with you.

⑨ 백 S 844(2) , 프렌치 노트 S - 1회 감기 844(2)

How to make

1 갈색 펠트지를 유리병 모양으로 잘라 천 위에 올려 놓고 블랭킷 스티치로 고정합니다.

2 열 펜으로 펠트지 위에 도안선을 표시한 후, 스템 스티치로 안개꽃의 줄기와 가지를 수놓으세요.

3 나머지 줄기도 스템 스티치로 수놓으세요.

4 강아지풀의 가운데 부분은 프렌치 노트 스티치로 성기게 채웁니다. 스티치끼리 너무 조밀하게 모이지 않도록 주의하세요.

5 스트레이트 스티치로 솜털이 난 방향을 표시하세요. 자수실은 3743번 1가닥과 3042번 1가닥을 합쳐 사용합니다.

6 프렌치 노트 스티치를 덮으며 자유롭게 스트레이트 스티치로 수놓습니다.

How to make

7 스티치의 각도와 길이를 조절하며 자연스럽게 솜털을 표현합니다.

8 우측의 강아지풀처럼 하단까지 덮어줍니다.

9 안개꽃 가지의 끝과 가지의 사이에 프렌치 노트 스티치를 달아줍니다.

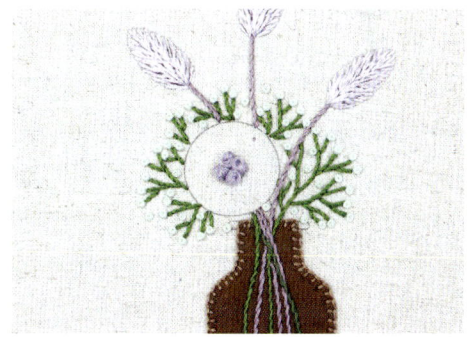

10 장미의 가운데에 프렌치 노트 스티치를 4개 수놓으세요. 이 부분은 태피스트리 울사를 사용했습니다.

11 반시계방향으로 돌며 중앙의 매듭 바깥으로 스템 스티치(스템 스티치 로즈)를 수놓습니다. 이때 실을 너무 바짝 당기지 않도록 주의합니다. 여기도 마찬가지로 태피스트리 울사를 사용합니다.

12 글씨의 선 부분은 백 스티치를, 점으로 표시된 부분은 프렌치 노트 스티치(1회 감기)를 수놓습니다.

How to make

13 보라색 황마 끈을 리본 모양으로 묶어줍니다. 리본은 도안과 똑같은 크기로 만드세요.

14 황마 끈과 비슷한 색(327번) 1가닥으로 유리병 위에 리본을 카우칭 스티치로 연결하세요.

가을 들꽃 파우치

시중에서 쉽게 구할 수 있는 면 파우치 위에 가을 분위기의
꽃을 수놓았습니다. 가을 들판의 분위기를 느껴보세요.

❃ 필요한 재료

원단 : 20수 캔버스 무지 면 파우치
사용한 자수실 : DMC 25번 580, 676, 832, 3041, 3051, 3743, 4140
기타 재료 : (선택 사항)카드 링, 토션 레이스, 열쇠 장식

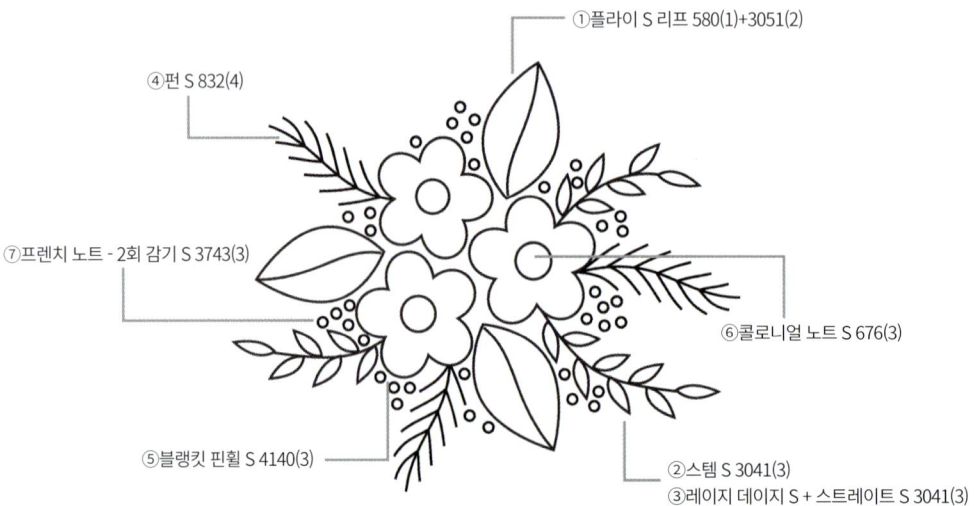

※ 지름 7.5cm의 작은 수틀을 사용하였습니다.
※ 파우치의 지퍼 손잡이에 카드 링을 끼우고 토션 레이스와 열쇠 장식을 달았습니다.

How to make

1 2가지 실을 섞어서 촘촘하게 플라이 스티치 리프로 수놓습니다.

2 줄기를 스템 스티치로, 작은 잎사귀는 레이지 데이지 스티치로 수놓습니다. 그다음에 레이지 데이지 스티치 안쪽을 스트레이트 스티치로 채우세요.

3 펀 스티치로 가지를 수놓으세요.

4 블랭킷 핀휠 스티치로 꽃잎을 수놓으세요.

5 꽃잎의 안쪽은 콜로니얼 노트 스티치로 채웁니다.

6 작은 꽃망울은 바늘에 실을 2회 감아 프렌치 노트 스티치로 수놓습니다.

목화 꽃다발

하얗고 보송보송한 목화와 유칼립투스 가지로 엮은 꽃다발을 수놓았습니다.
굵기가 다른 울사로 포근한 질감을 표현했어요.

❋ 필요한 재료

원단 : 리넨 11수(스카이 블루 컬러)

사용한 자수실 : 애플톤 크루엘 울사 253, 254, 293, 295, 915 / DMC 태피스트리 울사 ECRU, 7221, 7297

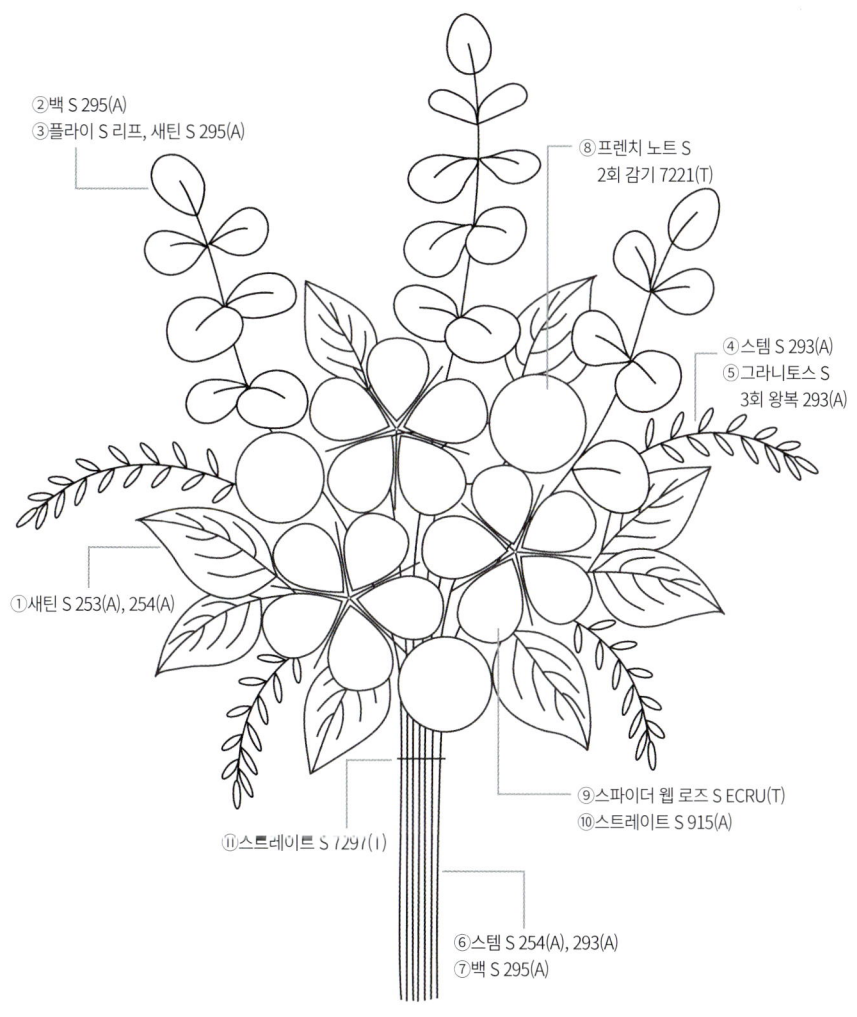

②백 S 295(A)
③플라이 S 리프, 새틴 S 295(A)
⑧프렌치 노트 S 2회 감기 7221(T)
④스템 S 293(A)
⑤그라니토스 S 3회 왕복 293(A)
①새틴 S 253(A), 254(A)
⑨스파이더 웹 로즈 S ECRU(T)
⑩스트레이트 S 915(A)
⑪스트레이트 S 7297(T)
⑥스템 S 254(A), 293(A)
⑦백 S 295(A)

※울사는 모두 1가닥씩 사용했습니다.
※(A)는 애플톤 크루엘 울사, (T)는 DMC 태피스트리 울사를 뜻합니다.

70% 축소(실제 크기 도안 별첨)

How to make

1 새틴 스티치로 잎을 수놓으세요. 실을 너무 바짝 당기지 않도록 주의합니다.

2 유칼립투스 줄기는 백 스티치로, 잎은 플라이 스티치 리프로 촘촘하게 채웁니다. 반으로 접힌 잎은 새틴 스티치로 수놓으세요.

3 줄기를 스템 스티치로 수놓고 작은 잎은 그라니토스 스티치로 같은 자리를 3회 왕복하여 수놓습니다.

4 꽃다발의 줄기 부분은 스템 스티치와 백 스티치를 섞어서 수놓으세요.

5 동그란 꽃은 바늘에 실을 2회 감아 프렌치 노트 스티치로 채웁니다.

6 꽃잎의 중앙을 가로질러 스트레이트 스티치로 수놓은 다음 위아래로 실을 엮으며 스파이더 웹 로즈 스티치로 꽃잎 부분을 채우세요.

How to make

7 목화를 5등분한 후 스트레이트 스티치를 2회 수놓아 고정합니다.

8 꽃다발 줄기 위로 스트레이트 스티치 4땀을 수놓습니다. 이때 실에 매듭은 짓지 않고 양쪽 끝이 천 앞으로 나오도록 합니다.

9 실의 양쪽 끝을 잡아서 리본 모양으로 묶으면 완성입니다.

천일홍 테이블 매트

오랫동안 붉은 빛을 간직하는 가을 꽃 천일홍입니다.
세 송이만 빌려서 리넨 위에 담아봤습니다.

❋ 필요한 재료

원단 : 무지 리넨 테이블 매트 군청색(목화나무숲 제품, 30×45cm)
사용한 자수실 : DMC 25번 34, 164, 320, 367, 368, 718, 989, 3607, 3608

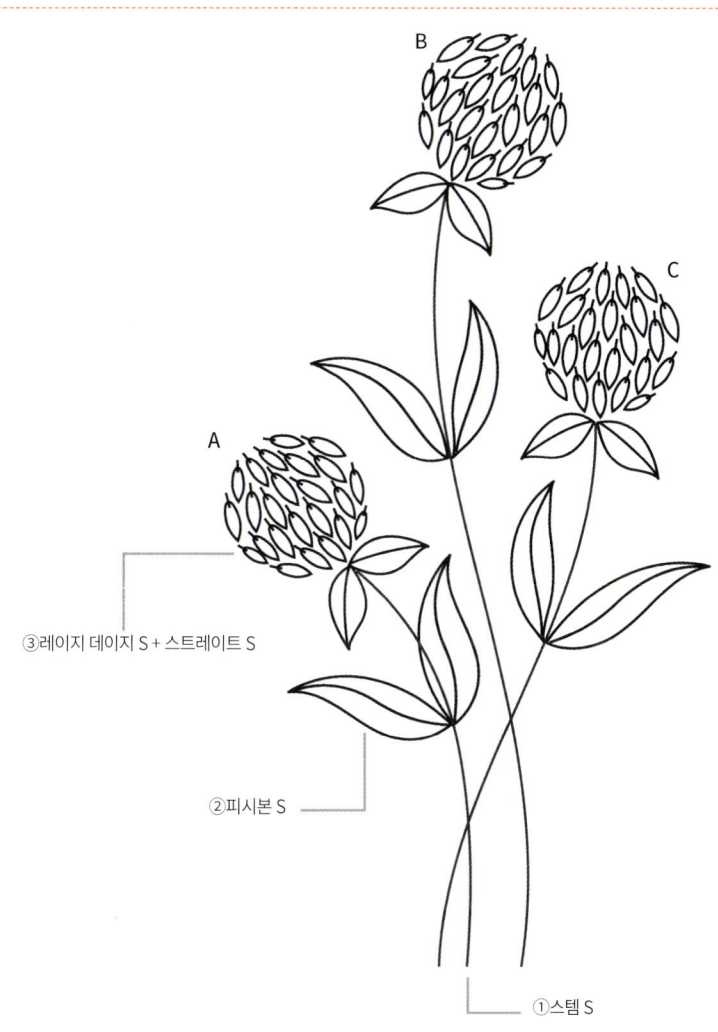

꽃A
줄기 164(4)
잎 368(1)+989(2)
꽃받침 368(2)+989(1)
꽃(하단부터)
 a. 718(4)
 b. 718(2)+3607(2)
 c. 3607(4)
 d. 3607(1)+3608(3)

꽃B
줄기 368(4)
잎 320(2)+989(1)
꽃받침 320(1)+989(2)
꽃(하단부터)
 a. 718(4)
 b. 718(2)+3607(2)
 c. 3607(4)
 d. 3607(1)+3608(3)

꽃C
줄기 320(2)+368(2)
잎(왼쪽) 320(2)+367(1)
잎(오른쪽) 367(3)
꽃받침 320(3)
꽃(하단부터)
 a. 34(4)
 b. 34(1)+718(3)
 c. 718(1)+3607(3)
 d. 3607(2)+3608(2)

How to make

1 줄기는 스템 스티치로 수놓고 꽃받침과 잎은 피시본 스티치로 수놓습니다.

2 맨 왼쪽 꽃(꽃A)은 잎을 먼저 수놓고 그 위에 줄기를 수놓으세요.

3 꽃잎은 하단부터 진한 색으로 레이지 데이지 스티치로 수놓고 그 안쪽을 스트레이트 스티치로 채웁니다.

4 상단으로 갈수록 옅은 색의 실을 사용합니다.

코스모스 브로치

손바닥만 한 작은 자투리 천에 수놓은 코스모스입니다.
마치 코스모스를 압화로 만들어 장식한 듯합니다.

❀ 필요한 재료

원단 : 리넨 11수(오트밀 컬러)
사용한 자수실 : DMC 25번 502, 602, 603, 604, 605, 3815, 3820, 3821
기타 재료 : 지름 5cm 싸개 브로치 부속, 글루건, 퀼팅실

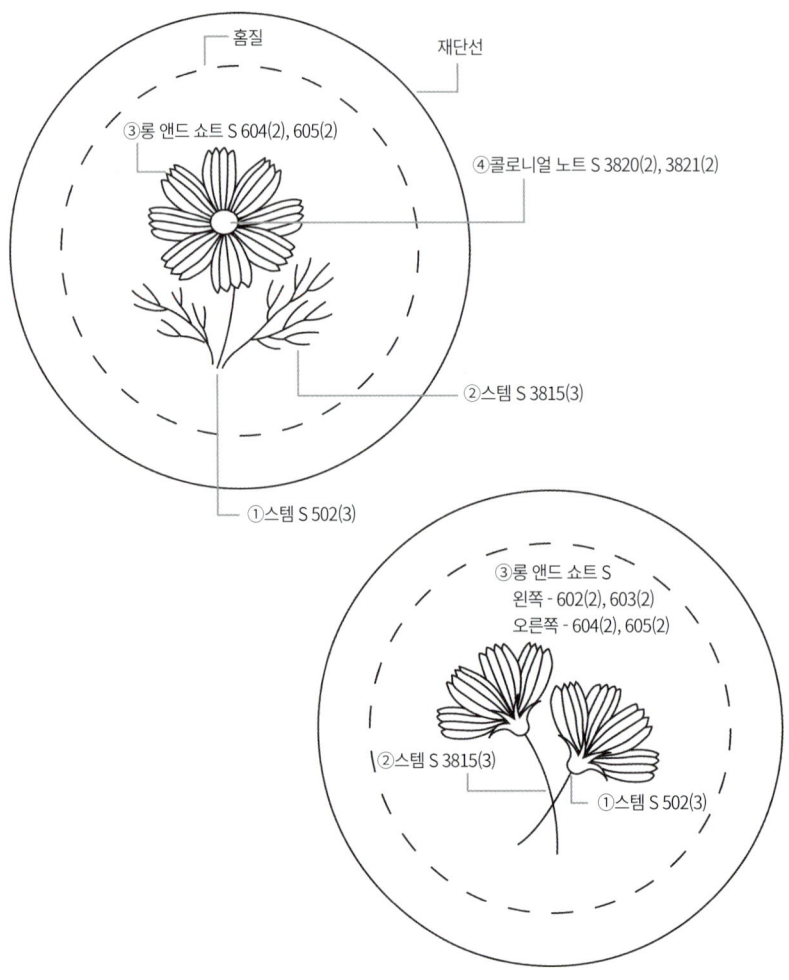

※브로치 만드는 방법은 178쪽을 참고하세요.

70% 축소(실제 크기 도안 별첨)

How to make

1 줄기는 스템 스티치로 수놓습니다.

2 코스모스 잎을 스템 스티치로 수놓으세요.

3 꽃잎의 가장자리부터 롱 앤드 쇼트 스티치로 수놓으세요. 2가지 색상을 사용하였습니다.

4 꽃잎의 가운데는 두 가지 색을 사용하여 콜로니얼 노트 스티치로 수놓습니다.

5 꽃받침은 줄기와 마찬가지로 스템 스티치로 수놓습니다.

6 롱 앤드 쇼트 스티치로 꽃잎을 수놓습니다.

사계절 꽃자수
PART 4

겨울

포인세티아 캔버스

포인세티아는 초록과 빨간 색의 강렬한 대비가 매력적인 식물입니다.
크리스마스 하면 가장 먼저 떠오르는 포인세티아를 반짝이는 실로 수놓아봤어요.

❋ 필요한 재료

원단 : 리넨 11수(블랙 컬러)
사용한 자수실 : DMC 에뚜알 C321, C816, C890 / DMC 메탈릭사 4041 / DMC 25번 351, 505, 562, 732, 3862, 3866
기타 재료 : 금색 시드 비즈(지름 2mm)

⑧ 휘프드 백 S 3866(3)+메탈릭사 4041(2)
⑨ 프렌치 노트 S - 1회 감기 3866(3)

⑦ 피시본 S C321(3), C816(3), C890(3)

⑤ 스템 S 3862(2)
⑥ 스트레이트 S 505(2), 562(2)

③ 스템 S 732(2)
④ 더블 레이지 데이지 S 732(4)

① 스플릿 백 S 3862(3)

② 콜로니얼 노트 S 351(6)

How to make

1 스플릿 백 스티치로 가지를 수놓으세요.

2 가지의 끝마다 콜로니얼 노트 스티치로 수놓아 열매를 표현하세요.

3 잎의 줄기는 스템 스티치로 수놓으세요.

4 이파리는 더블 레이지 데이지 스티치로 표현합니다.

5 소나무 줄기는 스템 스티치로 수놓고, 잎은 2가지 색을 사용하여 스트레이트 스티치로 수놓으세요.

6 포인세티아 녹색 잎부터(가장 바깥부터) 피시본 스티치로 수놓습니다.

How to make

7 안쪽을 붉은색으로 채우세요.

8 가운데는 금색 시즈 비드를 달아줍니다.

9 글씨는 백 스티치로 수놓으세요. 점으로 표시된 곳은 실을 1회 감아 프렌치 노트 스티치로 수놓습니다.

10 은색 메탈릭사로 백 스티치를 한 땀씩 감아 휘프드 백 스티치로 마무리합니다.

가재발 선인장

가재발 선인장을 10년 넘게 키웠더니 두 팔로 안을 수 없을 정도로 커졌습니다.
새빨간 꽃이 만개한 가재발 선인장을 볼 때면 절로 행복해집니다.

❀ 필요한 재료

원단 : 리넨 11수(오트밀 컬러)

사용한 자수실 : DMC 25번 09, 107, 433, 436, 890, 895, 3345, 3346, B5200

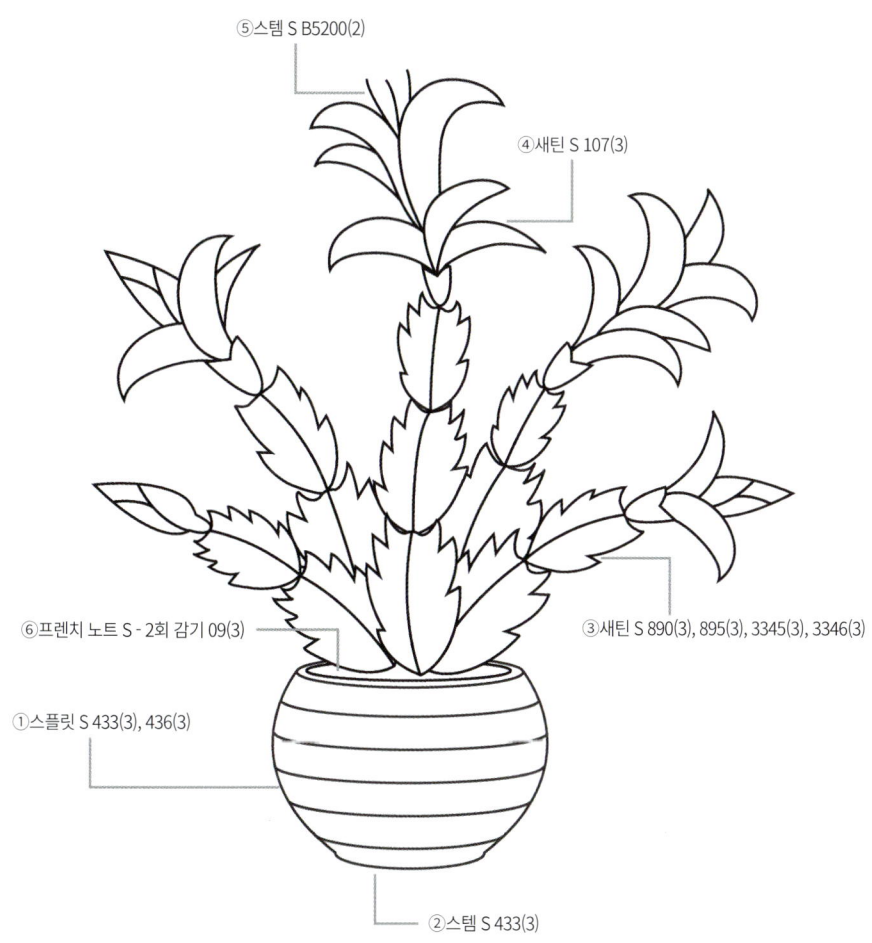

How to make

1 스플릿 스티치로 화분을 수놓으세요.

2 화분 둘레를 스템 스티치로 둘러주세요.

3 가재발 선인장은 세로로 반 나눠 한 쪽씩 촘촘하게 새틴 스티치로 채웁니다.

4 꽃을 수놓기 전 방향선을 미리 그립니다.

How to make

5 꽃잎을 새틴 스티치로 수놓습니다. 자수실은 진한 부분과 연한 부분으로 나누어서 사용하세요.

6 꽃술은 스템 스티치로 수놓으세요.

7 실을 2회 감은 프렌치 노트 스티치로 흙을 표현하세요.

8 가재발 선인장 자수가 완성되었습니다.

동백꽃 버선 아플리케

새빨간 꽃잎과 짙푸른 이파리의 대비가 매력적인 동백꽃은
지는 모습도 아름답습니다. 탐스런 동백꽃을 버선 위에 수놓았습니다.

❋ 필요한 재료

원단 : 리넨 11수(백아이보리 컬러, 진녹색 컬러)
사용한 자수실 : DMC 25번 321, 666, 699, 701, 725, 938, B5200

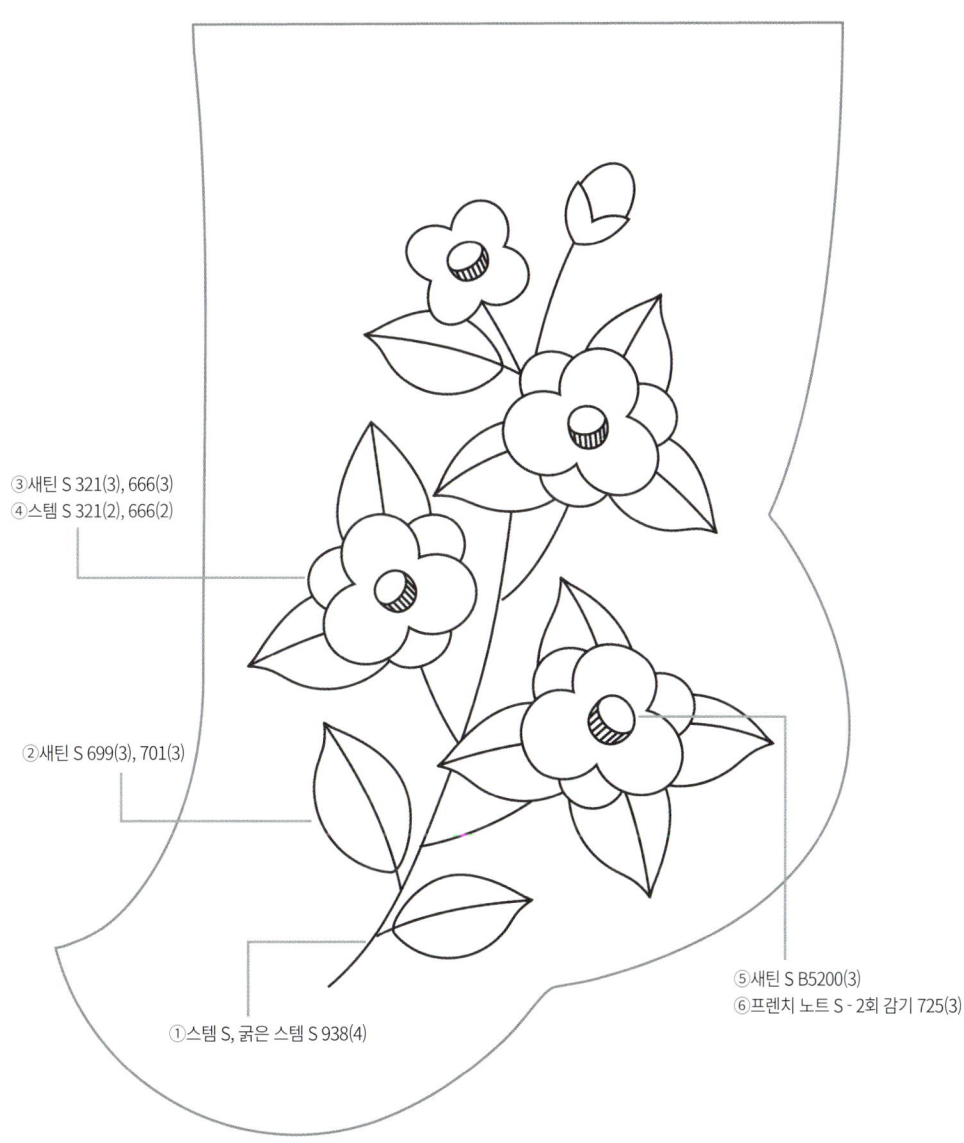

③새틴 S 321(3), 666(3)
④스템 S 321(2), 666(2)

②새틴 S 699(3), 701(3)

①스템 S, 굵은 스템 S 938(4)

⑤새틴 S B5200(3)
⑥프렌치 노트 S - 2회 감기 725(3)

How to make

1 중심 가지는 굵은 스템 스티치로, 가는 가지는 스템 스티치로 수놓으세요.

2 잎은 새틴 스티치로 수놓으세요. 잎맥의 가운데를 먼저 수를 놓습니다.

3 바늘땀이 몰리는 곳은 땀 길이를 조절하여 자연스럽게 표현합니다.

4 한쪽 면이 다 채워졌습니다. 반대편을 수놓을 때에는 시작한 곳의 맞은편부터 차례로 채우세요.

5 꽃잎은 가장 넓은 부위부터 새틴 스티치로 수놓으세요.

6 모든 꽃잎을 다 채웁니다.

How to make

7 새틴 스티치의 테두리는 2가닥의 실로 스템 스티치 하여 깔끔하게 정돈합니다.

8 흰색 실로 새틴 스티치를 한 뒤, 그 위를 프렌치 노트 스티치로 채우세요.

9 동백꽃 자수가 완성되었습니다.

Tip

재봉틀을 이용해 아플리케 하는 방법
1. 버선 모양을 완성선대로 자른 뒤 양면 접착심지를 사용하여 진 녹색 리넨 위에 붙입니다.
2. 가정용 재봉틀의 지그재그 패턴으로 버선의 완성선에 맞춰 재봉하세요.
3. 아플리케 완성입니다.

재봉틀이 없을 경우에는?
방법1 흰색 실을 사용하여 블랭킷 스티치로 테두리를 촘촘하게 수놓으세요.
방법2 시접을 7mm 남기고 재단한 다음 곡선에 가윗밥을 주고 시접을 꺾습니다. 공그르기나 감침질로 리넨에 고정시키세요.

호랑가시나무 리스

트리 장식, 성탄 카드로 등장하는 뾰족뾰족한 잎과 새빨간 열매를 가진 식물입니다.
호랑가시나무 리스를 수놓아 크리스마스 분위기를 살려보세요.

❀ 필요한 재료

원단 : 리넨 11수(내추럴 컬러)

사용한 자수실 : DMC 에뚜알 C816, C890 / DMC 메탈릭사 282 / DMC 25번 08, 498, 520, 834, 3363

How to make

1 백 스티치로 가지를 수놓으세요.

2 가지의 끝마다 콜로니얼 노트 스티치를 수놓습니다.

3 솔가지는 플라이 스티치로 수놓으세요.

4 잎은 블랭킷 스티치로 촘촘하게 수놓습니다.

How to make

5 반대쪽도 이어서 블랭킷 스티치로 수놓으세요.

6 패디드 새틴 스티치로 수놓기 위해 외곽선 안쪽 둘레에는 백 스티치, 내부에는 스트레이트 스티치로 채웁니다.

7 그 위를 새틴 스티치로 덮어줍니다.

8 글씨는 바늘땀을 좁게 하여 스템 스티치로 수놓으세요.

동백꽃 와펜 브로치

굵은 면사로 수놓은 동백꽃 와펜입니다.
가위로 오려서 가방이나 옷에 붙여도 잘 어울려요.

✤ 필요한 재료

원단 : 검은색 소프트 펠트지
사용한 자수실 : DMC 4번 2103, 2155, 2936, BLANC
기타 재료 : 검은색 하드 펠트지, 양면 접착심지, 브로치 핀대, 글루건

※4번사는 모두 1가닥씩 사용했습니다.

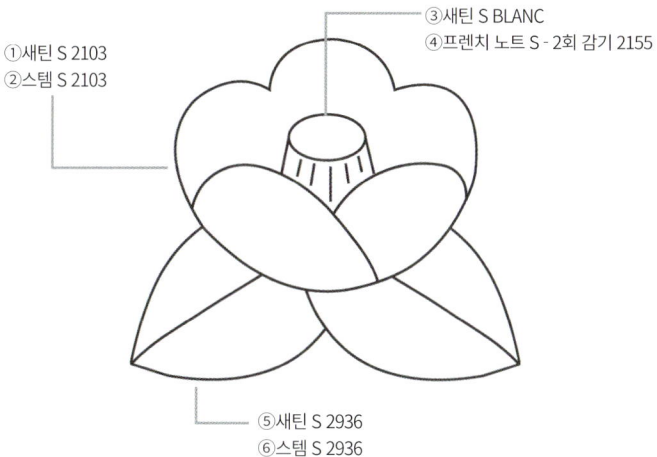

① 새틴 S 2103
② 스템 S 2103
③ 새틴 S BLANC
④ 프렌치 노트 S - 2회 감기 2155
⑤ 새틴 S 2936
⑥ 스템 S 2936

How to make

1 실이 두꺼우므로 셔닐 바늘을 사용하세요. 꽃잎은 새틴 스티치로 수놓습니다.

2 새틴 스티치로 수놓은 후 테두리는 스템 스티치로 둘러주세요.

3 꽃술의 흰색 부분을 새틴 스티치로 채웁니다.

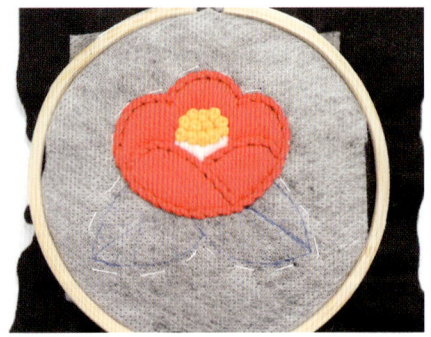

4 바늘에 실을 2회 감아 프렌치 노트 스티치로 수놓습니다.

How to make

5 잎맥의 중앙부터 시작하여 새틴 스티치로 수놓으세요.

6 잎도 마찬가지로 테두리를 스템 스티치로 둘러줍니다.

7 양면 접착심지를 이용하여 뒷면에 하드 펠트지를 붙이고 가위로 오립니다. 글루건을 이용하여 반대편에 브로치 핀대를 붙여주세요.

사계절 꽃자수
PART 5

꽃자수 레터링

심플 플라워 레터링

생활용품점에서 구입한 문 장식품을 자수로 꾸며보았어요.
간단한 스티치로 뚝딱 만들어서 방문에 걸어두세요.

❀ 필요한 재료

원단 : 리넨 11수(스카이 블루 컬러)
사용한 자수실 : 애플톤 크루엘 울사 404, 752, 855 / DMC 25번 4017
기타 재료 : 철제 문 장식품(다이소 제품), 양면 접착심지, 펠트지, 양면 테이프

※ 울사는 모두 1가닥씩 사용했습니다.
※ (A)는 애플톤 크루엘 울사를 뜻합니다.

60% 축소(실제 크기 도안 별첨)

How to make

1 글씨는 체인 스티치로 수놓으세요.

2 꽃의 줄기는 백 스티치로 수놓습니다. 잎은 레이지 데이지 스티치로 수놓은 후 안쪽을 스트레이트 스티치로 채우세요.

3 꽃잎은 바늘을 2회 감아 프렌치 노트 스티치로 수놓습니다. 실을 너무 바짝 당기지 마세요.

4 꽃잎의 가운데도 프렌치 노트 스티치로 수놓으세요.

5 양면 접착심지를 이용해 펠트지와 수놓은 천을 접착시킨 후 완성선을 따라 오려냅니다.

6 양면테이프로 문 장식과 수놓은 것을 붙이면 완성입니다.

컬러풀 플라워 레터링

알록달록 꽃으로 표현한 글자를 간단한 스티치로 수놓아보세요.
마치 꽃이 피어나는 기분이 들 거예요.

❊ 필요한 재료

원단 : 리넨 11수(화이트 컬러)

사용한 자수실 : DMC 25번 319, 367, 471, 498, 580, 601, 603, 604, 3821, 3831, 3832, 4211

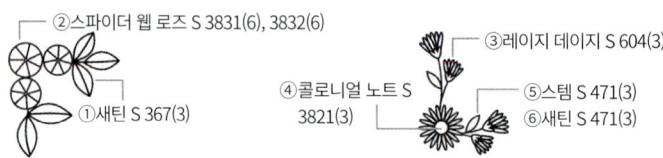

② 스파이더 웹 로즈 S 3831(6), 3832(6)
① 새틴 S 367(3)
③ 레이지 데이지 S 604(3)
④ 콜로니얼 노트 S 3821(3)
⑤ 스템 S 471(3)
⑥ 새틴 S 471(3)

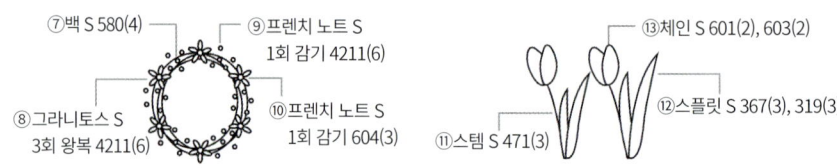

⑦ 백 S 580(4)
⑧ 그라니토스 S 3회 왕복 4211(6)
⑨ 프렌치 노트 S 1회 감기 4211(6)
⑩ 프렌치 노트 S 1회 감기 604(3)
⑪ 스템 S 471(3)
⑫ 스플릿 S 367(3), 319(3)
⑬ 체인 S 601(2), 603(2)

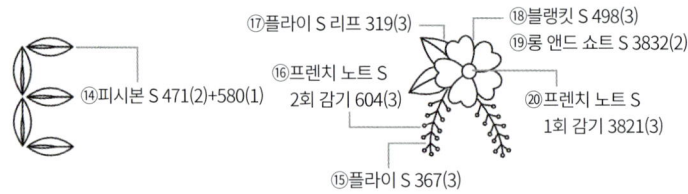

⑭ 피시본 S 471(2)+580(1)
⑮ 플라이 S 367(3)
⑯ 프렌치 노트 S 2회 감기 604(3)
⑰ 플라이 S 리프 319(3)
⑱ 블랭킷 S 498(3)
⑲ 롱 앤드 쇼트 S 3832(2)
⑳ 프렌치 노트 S 1회 감기 3821(3)

60% 축소(실제 크기 도안 별첨)

How to make

1 잎을 절반으로 나누어 가운데부터 새틴 스티치로 수놓기 시작합니다. 한쪽 면을 먼저 채우고, 다시 가운데부터 시작해 그 반대쪽을 채웁니다.

2 장미는 7개의 실 기둥을 가진 스파이더 웹 로즈 스티치로 수놓습니다. 중심부는 단단히 실을 엮어야 입체감이 살아납니다.

3 옆에 있는 장미도 마저 수놓아 'F'를 완성합니다.

4 레이지 데이지 스티치로 꽃잎을 수놓습니다. 제일 큰 꽃은 사방으로 먼저 수놓고 그 사이사이를 채워야 천이 울지 않습니다.

5 가운데 부분은 콜로니얼 노트 스티치로 테두리부터 수놓고, 그 안쪽을 채워주세요.

6 줄기는 스템 스티치로, 작은 잎과 꽃받침은 새틴 스티치로 수놓아 'L'을 완성합니다.

How to make

7 리스 부분은 꽃잎이 들어갈 자리를 비워두고 백 스티치로 수놓으세요.

8 큰 꽃잎은 그라니토스 스티치(3회 왕복)로 수놓고, 작은 꽃망울은 프렌치 노트 스티치(1회 감기)로 수놓으세요.

9 5개의 꽃잎 가운데에 프렌치 노트 스티치(1회 감기)를 수놓아 'O'를 완성합니다.

10 튤립 줄기는 스템 스티치로 수놓습니다.

11 잎은 외곽선 먼저 스플릿 스티치로 수놓고 안쪽을 1줄씩 채웁니다.

12 꽃잎은 잎과 같은 요령으로 체인 스티치로 외곽선 먼저 수놓고 안을 채워 'W'를 완성합니다.

How to make

13 'E'는 촘촘하게 피시본 스티치로 수놓습니다.

14 가지를 플라이 스티치로 수놓은 후, 가지의 끝부분마다 프렌치 노트 스티치(2회 감기)를 해줍니다.

15 잎은 플라이 스티치 리프로 수놓습니다.

16 꽃잎의 안쪽은 1/3 정도만 비워두고 바깥 부분은 촘촘한 블랭킷 스티치로 수놓습니다.

17 바늘을 중앙부에서 빼내 블랭킷 스티치의 사이사이로 집어 넣는 동작으로 롱 앤드 쇼트 스티치를 하여 완성합니다.

18 가운데를 프렌치 노트 스티치(1회 감기)로 수놓아 채우면 'R'가 완성됩니다.

사계절 꽃자수

부록

프랑스 자수 준비
프랑스 자수 기초

프랑스 자수 준비

• 시작과 마무리 •

직물의 방향

씨실과 날실로 짜인 직물 원단은 아무 방향이나 잘라서 사용하는 것이 아닙니다. 의류나 소품을 만들 때에는 특정 방향에 맞춰 재단해야 세탁 후에도 변형되지 않습니다. 식서(selvage) 방향은 직물의 세로 올 방향을 말하며, 잡아당겼을 잘 늘어나지 않습니다. 푸서 방향은 직물의 가로 올 방향을 말하며, 식서 방향보다는 당겼을 때 좀더 잘 늘어납니다. 바이어스 방향은 직물의 가로, 세로 올의 대각선 방향으로 당겼을 때 가장 잘 늘어납니다.

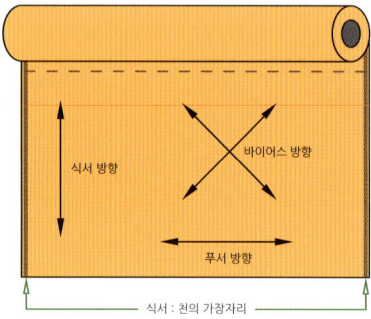

수놓을 천 준비하기 — 선세탁

면, 리넨 같은 식물성 천연섬유는 세탁 후 줄어드는 성질이 있습니다. 이를 방지하기 위해 재단하기 전에 물에 담가 선세탁을 합니다. 선세탁은 비뚤어진 올을 가지런히 정리해주고, 먼지 같은 이물질을 제거해주기도 합니다. 선세탁을 하지 않고 수놓으면 나중에 다림질하거나 세탁한 후에 천이 수축하면서 수놓은 부분이 변형되어버립니다. 만약 급하게 작업해야 할 상황이라면 분무기로 물을 골고루 뿌린 후 다림질하세요. 아예 안 하는 것보다는 낫습니다.

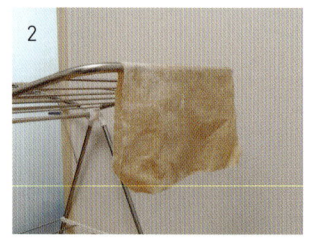

1. 천을 네모로 접어서(크기가 큰 경우에는 병풍 접기를 해서) 물을 받아놓은 세숫대야에 적어도 1시간에서 반나절 정도 담가놓습니다. 이때 세제는 넣지 않습니다.

2. 물이 빠지도록 건조대에 바르게 펴서 널어놓습니다. 이때 천을 비틀어 짜면 안 됩니다.

3. 완전히 마르기 전에 다리미로 다려 올을 가지런하게 펴줍니다.

단면 접착심지(실크 심지) 붙이기

접착심지를 원단에 붙이고 수놓으면 붙이지 않았을 때보다 바느질이 수월하고 원단이 덜 변형되어 작업물의 완성도가 높아집니다.

※자수를 완성하고 나서 접착심지를 붙이는 경우도 있습니다. 데님이나 캔버스처럼 두껍고 힘 있는 원단에 수놓고 안감을 대지 않을 경우 수놓은 뒷면이 마음에 걸린다면 접착심지를 붙여 마무리하세요. 자수실 매듭 풀림을 방지하는 역할도 한답니다. 단, 수놓은 원단이 얇은 경우 심지를 붙이다가 천이 울 수 있으니 주의하세요.

1

구김이 없도록 수놓을 천을 다림질합니다. 구김이 있는 상태에서 심지를 붙이면 아무리 다려도 완전히 펴지지 않습니다.

2

실크 심지는 필요한 면적보다 약간 크게 재단합니다. 심지를 손으로 만졌을 때 접착면은 오돌토돌하고 비접착면은 부드럽습니다. 원단의 뒷면과 심지의 접착면이 마주보게 놓습니다. 이때 원단과 접착심지의 식서 방향이 일치하도록 위치를 잡아줍니다.

3

심지는 약간 수축하는 성질이 있으므로 물을 뿌리거나 스팀을 쐬어줍니다.

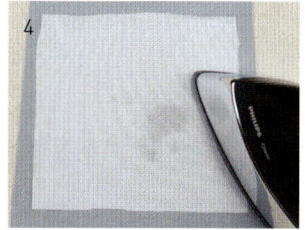

4

다리미의 온도를 중간으로 맞추고 심지 위를 가볍게 눌러 붙입니다.

5

천 쪽이 보이도록 뒤집어서 한 부위당 10초씩 눌러 심지를 완전히 붙입니다. 변형을 막기 위해 천이 완전히 식은 후에 다림판에서 옮기세요.

자수실 정리하기

자수실은 구입 후 보빈에 감아 정리해두어야 사용과 보관이 편리합니다. 이때 반드시 잊지 말아야 할 것은 보빈에 실 번호를 기입하는 일입니다. 모든 자수실은 제조사 고유의 색상 번호(실 번호)가 있습니다. 작업 도중 실이 떨어져서 다시 구입하려고 할 때 실 번호를 모른다면 똑같은 색상의 실을 구입하기 힘듭니다.
※한 작품에서 자수실을 1타래 이상 사용할 경우 한꺼번에 다량 구입하는 것이 좋습니다. 같은 실 번호의 실이라도 생산시기에 따라 색상이 미묘하게 달라질 수 있기 때문입니다.
※태피스트리 울사의 경우 눌린 자국을 방지하기 위해 제품 그대로 보관하는 것이 좋습니다.

25번사를 사용할 때

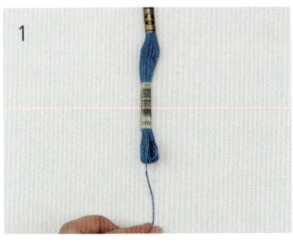

1. 제품 라벨의 바코드 아랫부분에 위치한 실 끝을 잡아당기세요.

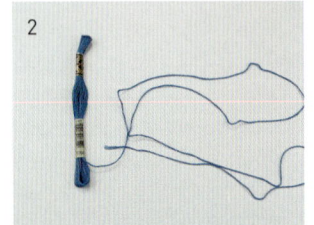

2. 서로 엉키지 않도록 조심스럽게 잡아당기면 술술 풀립니다. 끝까지 풀어주세요.

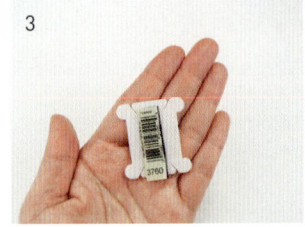

3. 자수실의 색상 번호가 잘 보이도록 제품 라벨을 보빈에 붙입니다. 네임펜으로 보빈 하단에 직접 실 번호를 적거나 기성품으로 나온 실 번호 스티커를 붙여도 좋습니다.

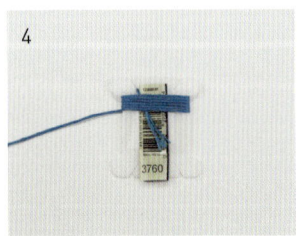

4. 어느 한 쪽으로 많이 쏠리지 않도록 보빈에 실을 가지런히 감아줍니다. 너무 당기면서 감지 않도록 주의하세요.

5. 다 감았으면 보빈 홈에 실 끝을 끼워 고정합니다.

6. 감은 실은 보빈함에 색상별로 정리하여 보관하세요. 실의 변색을 방지하기 위해 보빈함은 직사광선이 들지 않는 곳에 둡니다.

5번사를 사용할 때

5번사처럼 부피가 큰 실을 감을 때에는 큰 사이즈의 보빈을 준비합니다.

제품 라벨을 벗깁니다.

꽈배기처럼 꼬인 타래를 풀어줍니다.

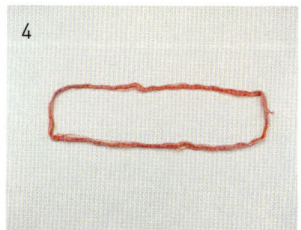

사진과 같이 실을 펴줍니다.

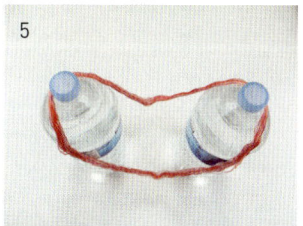

큰 생수병을 2개 준비해 양쪽에 실을 끼웁니다.

보빈에 라벨을 붙인 다음 조심스럽게 실을 풀면서 감아줍니다.

실 끝을 보빈 홈에 끼워 고정합니다.

바늘에 자수실 끼우기

보빈에 감긴 자수실은 필요한 만큼만 잘라서 사용합니다. 25번사의 경우 60cm 정도의 길이로 잘라서 사용합니다. 울사, 메탈릭사 등 특수한 실은 30~40cm로 짧게 잘라 사용합니다. 자수실을 너무 길게 자르면 실이 꼬이기 십상이고 상대적으로 원단을 여러 번 통과하면서 실의 표면이 마모됩니다.

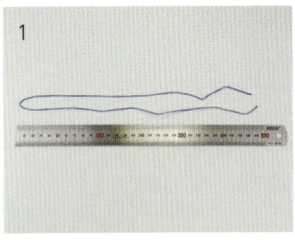

자수실(25번사 기준)을 60cm 정도의 길이로 자릅니다.

잘라낸 실의 한쪽 끝을 잡으세요. 총 6가닥의 가는 실이 보일 것입니다.

필요한 가닥수만큼 1가닥씩 살살 뽑아줍니다. 만약 그대로 잘라 사용하면 결이 곱지 못하고 수놓는 중간에 엉키기라도 하면 실을 제대로 풀 수 없습니다.

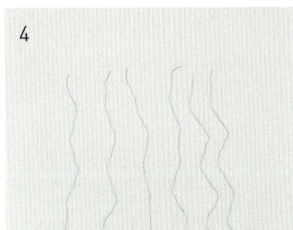

뽑아낸 실을 가지런히 정리합니다.

모든 실 끝을 하나로 모으고 엉키지 않게 잘 펴줍니다.

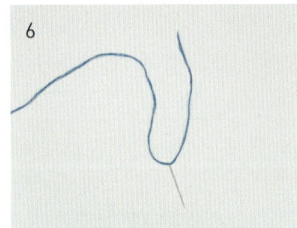

바늘귀에 실을 끼우세요.

실을 끼우기 힘들다면 실끼우개를 사용합니다. 먼저 바늘귀에 실끼우개의 철사 부분을 넣으세요.

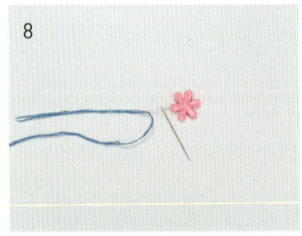

철사 부분에 실을 끼웁니다.

실끼우개의 손잡이를 당기면 바늘귀에 실이 들어갑니다.

특수사를 사용할 경우

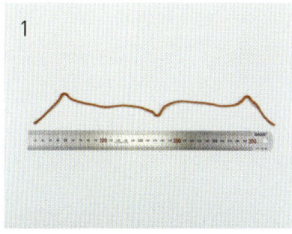

울사, 메탈릭사, 4번사 등 특수한 자수실을 사용할 때에는 30~40cm 로 짧게 자릅니다. 사진에서 보이는 실은 태피스트리 울사입니다.

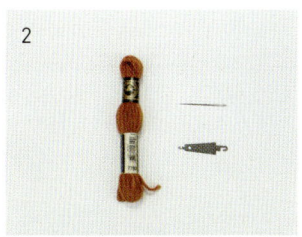

갈고리 모양의 철제 실끼우개를 준비하세요. 철사 실끼우개는 끊어지기 쉽습니다. 참고로 울사는 셔닐 바늘을 사용하세요.

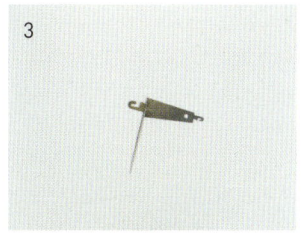

철제 실끼우개를 바늘귀에 끼웁니다.

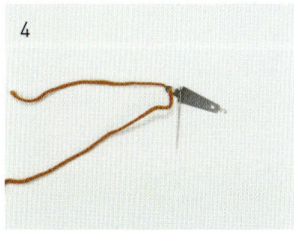

갈고리 부분에 실(울사)을 걸어줍니다.

철제 실끼우개를 당기면 바늘귀에 실이 들어갑니다.

매듭 짓기

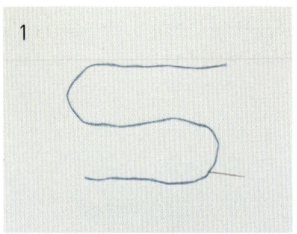
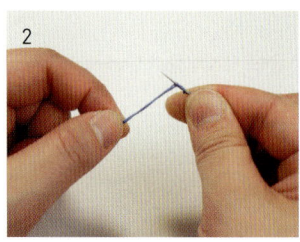
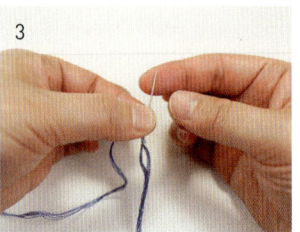

자수실의 한쪽 끝은 짧게 두고 반대편은 길게 둡니다. 이 중 긴 쪽의 자수실 끝에 매듭을 짓습니다.

긴 쪽의 실 끝을 바늘대에 2회 정도 감아줍니다.

감은 실을 왼손으로 가볍게 잡고 오른손으로 바늘을 뽑아줍니다.

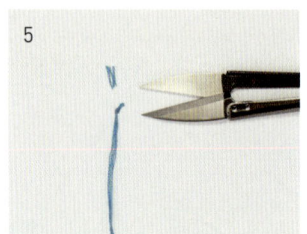

구슬 모양의 매듭이 생겼습니다.

끝부분의 실을 가지런히 잘라주세요.

 Tip

자수실의 양쪽 끝을 모아 한꺼번에 매듭 짓는 것은 잘못된 방법입니다. 잘못 수놓았을 때 다시 풀 수 없고, 꼬인 실을 풀기도 힘듭니다. 또한 실 가닥수가 2배가 되므로 도안에 적힌 대로 정확하게 수놓을 수 없습니다.

수틀 끼우기

수틀은 천을 주름지지 않게 팽팽하게 잡아당겨주는 도구입니다. 가급적 수틀을 사용하여 수놓아야 천이 울지 않습니다. 천에 수틀을 끼운 다음에는 섬유의 올이 가지런한지 반드시 확인한 후에 수놓기 시작합니다.

1
수틀을 끼울 수 있도록 여유를 두고 천을 재단합니다. 천이 너무 작다면 다른 천을 바느질로 이어 붙여 사용합니다.

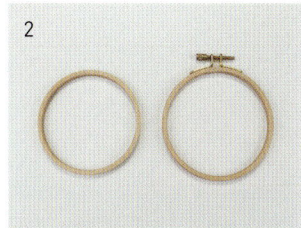

2
나무 수틀은 나사가 달려있는 바깥 틀과 아무것도 없는 안쪽 틀로 되어 있습니다. 바깥 틀과 안쪽 틀을 분리하세요.

3
안쪽 틀 위에 재단한 천을 올려놓습니다.

4
약간 저항감이 있게 들어갈 수 있도록 손으로 적당히 나사를 조인 후 안쪽 틀 위에 끼우세요. 끼웠을 때 섬유의 올이 비틀어진다면 나사를 느슨하게 풀어주고 다시 끼우세요.

5
나사를 드라이버로 완전히 조이세요.

6
나사가 달린 부위는 수놓는 손의 반대 방향에 두어야 실이 걸리지 않습니다.

7
사진처럼 천을 사선으로 당겨선 안 됩니다.

수놓다가 천이 아래로 처지면 세로 올 방향(식서 방향)으로 조심스럽게 당겨 팽팽하게 합니다. 천을 사선(바이어스 방향)으로 당기지 마세요. 섬유 올이 비틀어지고 늘어날 수 있습니다.

8
사진은 섬유 올이 비틀어진 상태입니다. 이 상태로 수놓으면 나중에 수틀에서 뺐을 때 모양이 변형될 수 있으니 주의하세요.

시작과 끝의 실 처리 방법

완성된 자수에는 매듭이 들어가지 않도록 하는 것이 원칙입니다. 다만 여러 번 세탁해야 할 경우 실이 풀리는 것을 방지하기 위해 매듭을 짓기도 합니다.

일반적인 실 처리 방법

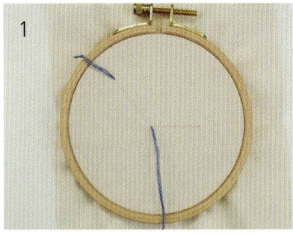

시작점에서 15cm 이상 떨어진 곳에 바늘을 찔러 넣어 시작점으로 나옵니다. 이때 실의 매듭은 천의 앞면에 위치해 있습니다.

자수를 완성합니다.

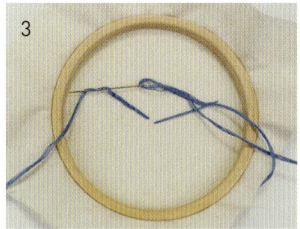

매듭을 짓는 경우 바늘에 실을 2바퀴 감아줍니다.

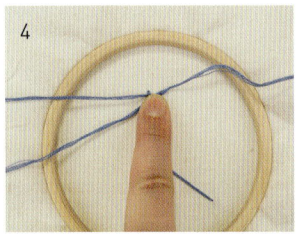

감은 것을 손으로 누른 상태에서 바늘을 당겨 매듭을 짓습니다.

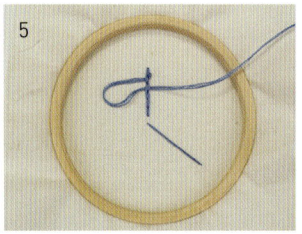

수놓은 실에 이리저리 감은 다음에 실을 잘라 마무리하세요.

앞면이 보이도록 뒤집은 다음에 처음 만들었던 매듭을 자릅니다.

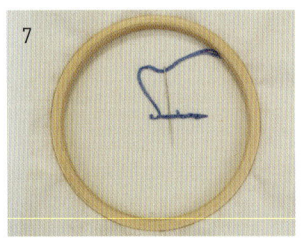

뒷면에서 자른 실에 바늘을 끼우고 필요한 경우 매듭을 짓습니다. 그리고 마무리할 때처럼 수놓은 실에 감아줍니다.

매듭 없이 수놓는 방법 — 선을 수놓는 경우

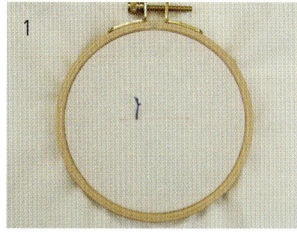

1. 시작점으로부터 2~3cm 떨어진 지점(도안선 위)에 바늘을 넣습니다.

2. 시작점으로 이동하면서 점처럼 보이는 작은 스티치를 3땀 정도 떠줍니다.

3. 작은 스티치 위를 덮으면서 수놓으세요.

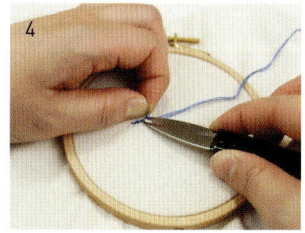

4. 수놓다가 매듭을 만나면 손으로 잡아당겨 바짝 잘라줍니다.

5. 수놓는 작업을 이어갑니다.

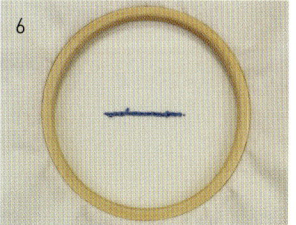

6. 자수를 완성했다면 상단에 기술한 방법처럼 스티치에 실을 감아 마무리합니다.

매듭 없이 수놓는 방법 — 면적을 채우는 경우

1. 새틴 스티치처럼 면적을 채우는 자수의 경우 매듭을 앞에 짓고 점처럼 짧은 땀을 3개 정도 만들어줍니다.

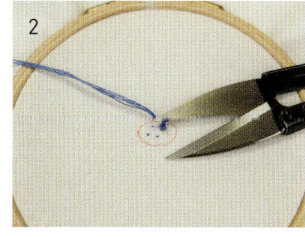

2. 매듭을 잡아당겨 바짝 잘라준 다음에 수놓기를 시작합니다.

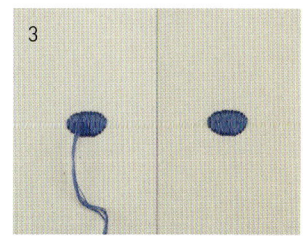

3. 마무리할 때에는 시작과 마찬가지로 스티치 사이에 아주 짧은 땀을 3~4개 만들어줍니다. 겉에서 보이지 않도록 주의하세요. 뒷면에서 실을 잘라 완성합니다.

완성 후 다림질하기

수놓고 난 다음에는 다림질하여 잘 펴줍니다. 이때 수놓은 곳이 눌리거나 변색되지 않도록 각별히 주의해서 다립니다. 때가 타서 세탁할 경우에는 중성세제로 손세탁을 하는 것이 좋습니다.

1. 다리미판에 푹신한 수건을 깔고 그 위에 수놓은 뒷면이 보이도록 둡니다. 수건을 깔고 다려야 수놓은 부위가 납작하게 눌리지 않습니다.

2. 수놓은 부위의 변색과 변형을 방지하기 위해 뒷면을 다려주세요.

3. 앞면을 다려야 할 경우에는 수놓은 부위를 피해 다립니다.

 Tip

※강한 스팀을 자수 부위에 바로 분사하면 자수실이 수축될 수 있으므로 주의하세요.
※세탁 후 큰 수틀에 끼운 채로 건조하면 수놓은 부위가 쪼그라드는 것을 막을 수 있고 다림질도 수월합니다.

• 도안 옮기기 •

천 위에 자수 도안을 옮기는 몇 가지 방법을 소개합니다. 수놓는 천의 질감과 색상, 소재에 맞게 적절한 도안 옮기는 방법을 선택하세요.
※수놓은 천으로 의류, 가방이나 파우치 등의 소품을 만들 계획이라면 천의 식서 방향에 맞게 도안이 배치되도록 주의하세요.

직접 그리기

간단한 선이나 도형은 천 위에 직접 그릴 수 있습니다. 쉽게 지울 수 있는 수용성 펜이나 열 펜을 이용하세요. 사진에서는 다리미나 헤어 드라이기의 열에 지워지는 열 펜(PILOT frixion ball 3색 0.5mm)을 사용하였습니다.

수용성 먹지 사용하기

수용성 먹지(초크 페이퍼)는 문구용 먹지와 사용방법은 동일하나 상대적으로 먹 자국이 흐리게 표시되므로 세게 눌러서 그려야 합니다. 수놓을 천의 표면에 요철이 심할 경우 자국이 잘 표시되지 않으므로 다른 방법을 사용해 도안을 옮기는 것이 좋습니다.

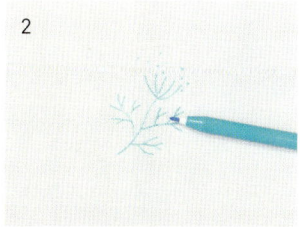

1 원단 위에 먹지, 도안을 차례로 올려놓고 철필이나 못쓰는 볼펜을 이용해 선을 따라 힘주어 그립니다.

2 먹 자국이 흐린 곳은 수용성 펜으로 덧그려줍니다.

라이트박스 또는 햇빛

라이트박스를 사용할 때에는 실내조명을 끄고 어두운 곳에서 작업해야 도안의 선이 더욱 잘 보입니다.

 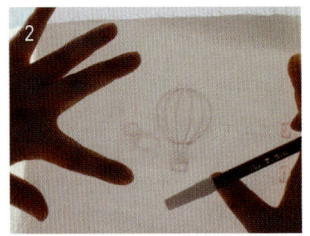

라이트박스 위에 도안, 수놓을 천을 차례로 올려놓고 테이프로 고정한 뒤 빛에 비치는 도안의 선을 따라 수용성 펜이나 열 펜으로 그립니다.

라이트박스 대신에 햇빛을 이용하는 방법도 있습니다. 밝은 날 창문에 비추어 도안을 따라 그리세요.

수용성 심지 사용하기

프린터로 도안 출력이 가능하고 뒷면에 접착제가 도포되어 스티커처럼 붙일 수 있는 수용성 심지도 있습니다. 국내에서 구하기 힘든 편이라 이 책에서는 시중에서 쉽게 구할 수 있는 부직포 타입의 수용성 심지를 사용하였습니다. 심지는 찬물이 아닌 따뜻한 물에 담가 녹이고 여러 번 헹궈 깨끗하게 제거합니다. 심지가 덜 녹으면 건조 후 수놓은 천에 딱딱하게 풀기가 남습니다.

도안 위에 수용성 심지를 올려놓고 선을 따라 그립니다. 수용성 펜으로 따라 그리면 펜촉에 닿은 부분이 번지고 녹을 수 있으니 연필이나 열 펜으로 그리세요. 일반 문구용 볼펜을 사용하면 안 됩니다.

원단 위에 도안을 옮긴 수용성 심지를 올려놓고 시침질로 고정하세요. 들뜬 곳이 없도록 중간중간에 바느질해줍니다.

수용성 심지와 원단을 함께 수놓습니다.

자수가 완성되면 시침실을 제거하고 여분의 심지를 잘라냅니다. 최대한 바짝 잘라주세요.

열 펜을 사용했다면 열을 가해 펜 자국을 지운 뒤 따뜻한 물에 담가 심지를 녹이세요.

비틀어 짜지 말고 수건으로 눌러 물기를 제거합니다.

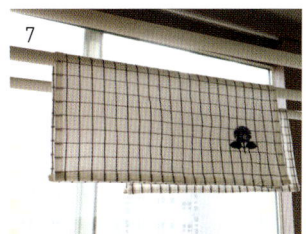 

구김 없이 잘 펴서 건조하세요.

약간 덜 말랐을 때 자수가 눌리지 않도록 바닥에 수건을 푹신하게 깔고 수놓은 뒷면을 다려주세요. 실의 변색을 막기 위해 얇은 천으로 덮고 다립니다.

소품 만들기

자수 브로치

1 메탈 캡 부분에 수놓은 천을 붙일 수 있는 각종 브로치, 거울 등의 반제품입니다. 모양은 다르지만 만드는 방법은 동일합니다.

2 수놓은 천과 메탈 캡 크기(지름 5cm)로 오려놓은 얇은 소프트 펠트를 준비하세요. 접착솜을 사용해도 좋습니다.

3 메탈 캡의 크기보다 사방으로 2.5cm 크게 천을 잘라주세요. 시접을 1cm 남겨두고 퀼팅실로 홈질합니다. 이때 실은 매듭짓지 않고 양쪽에 15cm 정도 남겨두세요.

4 수놓은 천의 뒷면, 펠트 조각, 메탈 캡을 차례로 포개둡니다.

5 홈질해놓은 실의 끝을 잡아당겨 완전히 조이고 매듭 지어 마무리합니다.

6 사방을 당기면서 바느질하여 앞면에 주름진 곳이 없도록 합니다.

7 주름 잡아놓은 곳에 글루건을 바르고 굳기 전에 뒷면을 붙입니다. 수예용 접착제를 사용해도 좋습니다.

8 접착제가 완전히 식을 때까지 누릅니다. 너무 힘을 가해 캡이 찌그러지는 일이 없도록 주의하세요.

9 자수 브로치 완성입니다.

손거울

1 손거울 프레임에서 2.5cm 떨어진 지점을 표시합니다. 그 지점에서 시접을 1cm 정도 남기고 가위로 자르세요. 프레임에서 총 3.5cm 떨어진 곳이 재단선입니다.

2 프레임에서 2.5cm 떨어진 지점을 퀼팅실 또는 재봉사로 홈질하세요. 이때 실 끝에 매듭을 만들지 않습니다.

3 소프트 펠트지를 프레임과 같은 크기로 자른 다음 수놓은 뒷면-펠트-프레임 순으로 놓습니다.

4 홈질한 실을 잡아당겨 프레임을 감싼 다음 뒷면을 사방으로 바느질하여 원단을 팽팽하게 당겨줍니다.

5 글루건을 이용해 프레임을 거울 상판에 붙입니다. 접착제가 완전히 굳을 때까지 기다려주세요.

6 거울이 완성되었습니다.

수틀 액자

1 수틀보다 사방으로 3~4cm 크게 천을 자르세요.

2 시접을 1cm 남겨두고 홈질합니다. 이때 실의 양 끝을 15cm이상 길게 남겨두고 매듭은 짓지 않습니다.

3 실을 잡아당겨 완전히 조이고 매듭짓습니다.

4 대각선으로 여러 번 바느질하여 천을 팽팽하게 당기세요.

5 뒷면이 신경 쓰인다면 펠트를 동그랗게 오려서 글루건으로 붙이거나 바느질로 고정합니다.

6 수틀 액자가 완성되었습니다.

캔버스 액자

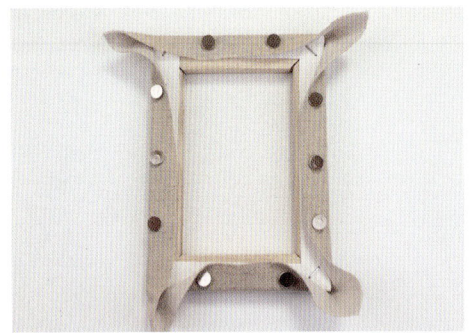

1 자수 작품이 중앙에 오도록 캔버스를 마주 대고 뒷면을 압정으로 임시로 고정합니다. 압정은 완전히 누르지 말고 반만 꽂습니다.

2 모서리는 깔끔하게 접어놓습니다.

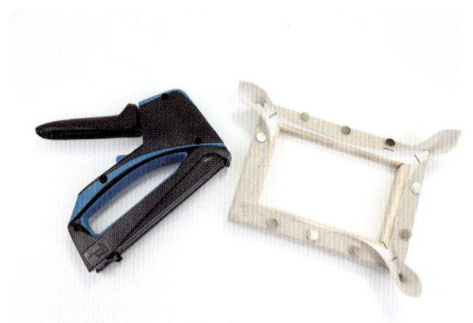

3 천이 팽팽하게 당겨지도록 압정의 위치를 여러 번 바꿉니다. 다 되었다면 타카로 완전히 고정하면서 압정을 빼주세요.

4 사방이 단단하게 고정되었습니다.

5 뒷면이 신경 쓰인다면 펠트지를 캔버스보다 약간 작게 잘라서 글루건이나 바느질로 붙여주세요.

6 캔버스 액자 완성입니다.

양면 접착심지 활용 소품

양면 접착심지는 원단 보강 목적의 단면 접착심지와는 다른 목적으로 사용됩니다. 천과 천, 천과 펠트, 펠트와 펠트를 서로 접착시키는 데 사용하며, 이 재료로 아플리케 작업을 하거나 소품을 만들 수 있습니다. 아래는 양면 접착심지를 붙이는 방법입니다.

1   붙일 펠트지-양면 접착심지-바탕 펠트지 순으로 포개놓습니다.

2   물에 적셔서 꽉 짠 천으로 덮어주세요. 작은 크기일 경우 물티슈로 덮어도 됩니다.

3   덮은 천의 물기가 마를 때까지 다리미로 열을 가합니다.

4   펠트가 완전히 고정되었습니다. 변형을 막기 위해 열이 식은 후 옮기세요.

5   펠트와 양면 접착심지를 활용한 소품 예시입니다.

프랑스 자수 기초

수놓는 방법

수놓는 방법은 크게 2가지로 나눌 수 있습니다. 결과물은 크게 다르지 않지만 다음과 같은 차이점이 있습니다.

바느질 방법

시작과 끝을 제외하고 천의 앞쪽에서만 움직이는 방법으로, 바늘이 천을 비스듬하게 통과하여 한 땀씩 떠내는 동작이 특징입니다. 찌르기 방법보다는 덜 정교한 편입니다. 뻣뻣하거나 두꺼운 원단의 경우 손가락이 쉽게 피로해질 수 있지만, 수틀 없이 빠르게 수놓을 수 있습니다.

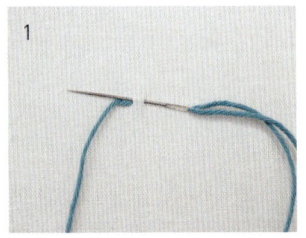 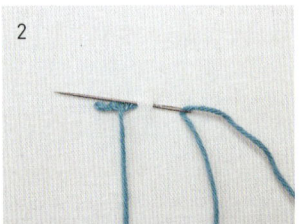

찌르기 방법

천의 뒤쪽에서 바늘을 내보내고 앞쪽에서 찌르는 방법입니다. 앞뒤로 부지런히 손을 움직이는 것이 특징입니다. 정확한 각도로 바늘이 원단을 통과하여 정교한 스티치를 할 수 있습니다. 뻣뻣하거나 두꺼운 원단에 수놓을 때 적합합니다. 바느질 방법보다는 시간이 오래 걸리는 편이고 수틀을 사용해야 합니다.

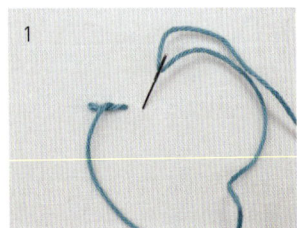 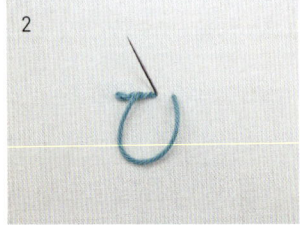

자수 기법

※스마트폰으로 상단의 QR코드를 스캔하면 수놓는 방법을 동영상으로 볼 수 있습니다.

러닝 스티치 Running stitch

손바느질 기법 중 하나인 홈질과 같은 방법입니다. 한꺼번에 여러 땀을 바늘에 꿰는 것보다는, 한 땀씩 천 앞에서 찔러 넣고 뒤에서 빼는 동작으로 수놓아야 천이 울지 않습니다.

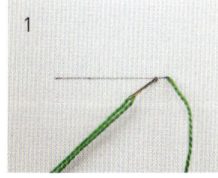 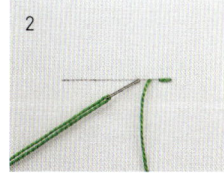 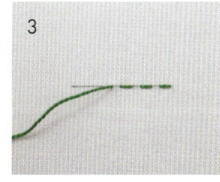 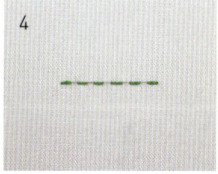

1 도안선의 오른쪽 끝에서 바늘을 내보낸 다음에 왼쪽으로 한 땀 지나서 바늘을 넣으세요.
2 왼쪽으로 약간 이동하여 천 앞으로 다시 나옵니다. 왼쪽으로 한 땀 지나 바늘을 넣습니다.
   이때 앞면에 보이는 바늘땀이 뒷면보다 조금 더 길게 해주는 것이 보기 좋습니다.
3 바늘땀과 간격을 고르게 유지하면서 위 동작을 반복해서 진행합니다.
4 러닝 스티치가 완성되었습니다.

스트레이트 스티치 Straight stitch

직선 모양의 스티치로 길이와 각도를 달리하여 다양하게 활용할 수 있습니다. 시드 스티치, 애로 헤드 스티치, 펀 스티치 등의 토대이기도 합니다.

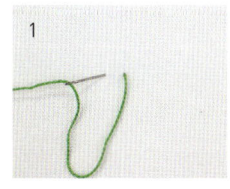   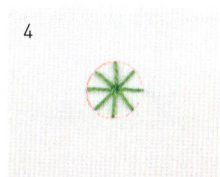

1 천의 한쪽에서 바늘을 꺼낸 다음에 원하는 길이만큼 지나서 바늘을 넣습니다.
2 직선 형태의 스트레이트 스티치가 완성되었습니다.
3 방사형으로 수놓을 때에는 바깥쪽에서 나와 안쪽으로 바늘을 찔러 넣습니다.
4 이러한 방식으로 수놓는 것을 밀 플라워 스티치 또는 스포크 스티치라고 합니다.

펀 스티치 Fern stitch

스트레이트 스티치로 이루어진 고사리 모양의 자수기법입니다. 연속된 플라이 스티치와 비슷해 보이지만 펀 스티치 쪽이 좀더 천에 긴밀히 닿아 있습니다.

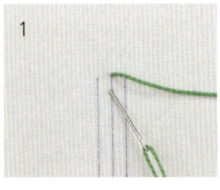
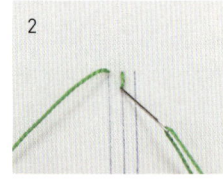
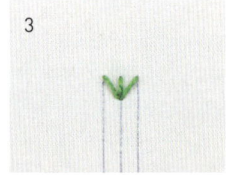
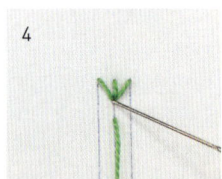

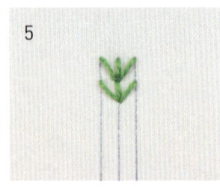

1 먼저 서로 같은 간격의 수직선을 3개 그립니다. 가운데 선의 끝에서 바늘을 내보낸 다음 아래로 한 땀 지나 바늘을 넣어 세로 방향의 스트레이트 스티치를 만듭니다.
2 왼쪽 선의 끝에서 나와 첫 스티치의 바늘구멍으로 바늘을 넣습니다.
이렇게 하면 사선의 스트레이트 스티치가 생깁니다.
3 오른쪽 선의 끝에서 나와 다시 첫 스티치의 바늘구멍으로 들어가면
두 번째 스티치와 대칭되는 사선의 스트레이트 스티치가 만들어집니다.
이렇게 수놓은 3개의 스트레이트 스티치가 모두 하나의 바늘구멍에서 만납니다.
4 가운데 선에서 한 땀 지나 아래로 나온 다음 다시 상단의 바늘구멍으로 찔러 넣으세요.
5 좌우에 사선의 스티치를 마저 수놓으세요. 두 번째 펀 스티치가 완성되었습니다.
6 계속해서 스트레이트 스티치 3개씩을 연달아 수놓으며 선을 채우세요.

백 스티치 Back stitch

손바느질 기법 중 하나인 박음질(온박음질)과 같은 방법입니다. 한 땀 앞으로 나아갔다가 다시 되돌아와 뒤로 꽂는 방식으로 진행하는 것이 특징입니다.

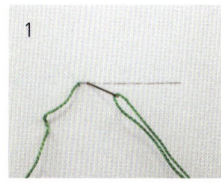 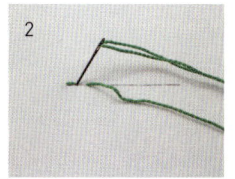 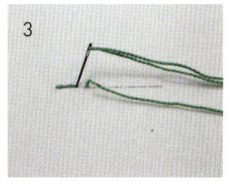 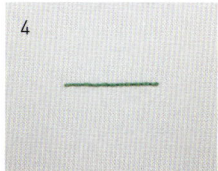

1. 도안선의 왼쪽 끝에서 나와 오른쪽으로 한 땀 거리를 지나 바늘을 넣으세요.
   이렇게 하면 짧은 스트레이트 스티치가 만들어집니다.
   시작점에서 한 땀 떨어진 지점에서 바늘이 나와 시작점으로 넣어도 됩니다.
2. 오른쪽으로 한 땀 거리를 이동하여 바늘을 천 앞으로 내보낸 다음에 다시 되돌아가
   첫 스티치의 오른쪽 바늘구멍으로 바늘을 넣습니다.
3. 다시 오른쪽으로 두 땀 거리를 이동해 천 앞으로 바늘을 내보냅니다.
   왼쪽으로 되돌아가 이전 스티치의 오른쪽 바늘구멍에 넣습니다.
4. 바늘땀의 길이를 일정하게 유지하며 계속 동작을 반복하여 수놓습니다.

휘프드 백 스티치 Whipped back stitch

기본적인 백 스티치 위에 다른 실을 휘감아 밧줄 모양처럼 수놓는 기법입니다. 바탕실과 감는 실의 색상이 같으면 마치 스템 스티치처럼 보입니다. 반대로 서로 대비되는 색을 사용하면 더욱 눈에 띄는 선을 표현할 수 있습니다.

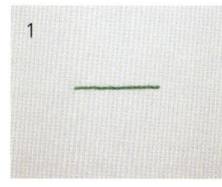 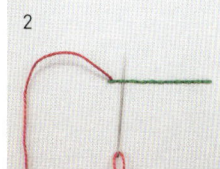 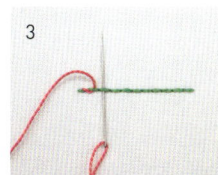 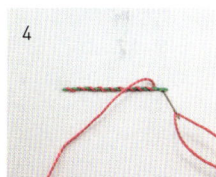

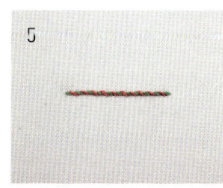

1. 백 스티치를 한 줄 수놓으세요.
2. 바늘에 다른 색의 실을 꿰어 첫 번째 백 스티치의 중앙에서 내보낸 다음에 두 번째 백 스티치의 밑을 통과하세요.
   이때 천이나 다른 실을 바늘로 찌르지 않도록 주의하세요.
3. 같은 요령으로 세 번째 백 스티치 밑을 통과합니다. 동작을 반복하면 밧줄 모양의 스티치가 만들어집니다.
   이때 바늘귀 쪽을 잡고 통과시키면 바늘 끝이 천에 걸리지 않습니다.
4. 마무리할 때에는 가장 마지막 백 스티치 중앙에 바늘을 넣습니다.
5. 휘프드 백 스티치가 완성되었습니다.

프렌치 노트 스티치 French knot stitch

작은 매듭 모양의 스티치입니다. 단독으로 수놓아 씨앗이나 작은 열매 등을 표현할 수 있어요. 또한 여러 개의 스티치를 조밀하게 수놓아 한 부분을 채울 수도 있습니다.

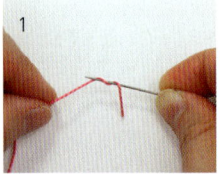 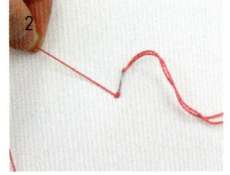 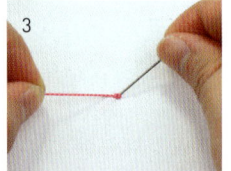 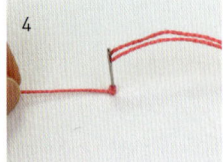

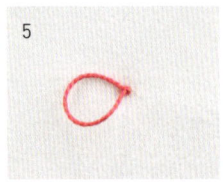 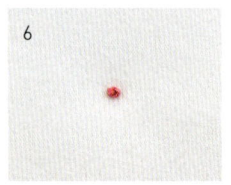

1. 바늘을 천 밖으로 빼낸 다음에 왼손으로 바늘대에 실을 2회 감아줍니다.
   감는 횟수는 1회에서 최대 3회까지만 감는 것이 좋습니다.
2. 나왔던 곳과 아주 가까운 지점으로 바늘을 찔러 넣으세요. 이때 나왔던 자리로 다시 바늘을 넣으면 뒤에서 실을 당겼을 때 매듭이 천 뒤로 딸려가버리니 반드시 천의 1올이라도 옆에 넣어야 합니다.
3. 왼손으로 실을 당겨서 감은 부위가 천에 바짝 붙도록 합니다.
4. 오른손을 천 뒤로 가져가 바늘을 당깁니다. 바늘이 천을 완전히 통과하기 전까지 왼손은 그대로 실을 팽팽하게 잡고 있어야 합니다.
5. 천의 뒤에서 천천히 실을 당겨 조입니다.
6. 동그란 매듭 모양의 프렌치 노트 스티치가 완성되었습니다.

 Tip

프렌치 노트 스티치할 때 주의할 점

프렌치 노트 스티치는 바늘대에 실을 많이 감을수록 크기가 커집니다. 그러나 무작정 많이 감아서는 안 됩니다. 최대 3회까지만 감아야 합니다. 실을 감는 횟수가 4회를 넘어가면 매듭이 울퉁불퉁한 모양이 되어버리기 때문입니다. 매듭을 크게 하고 싶다면 바늘에 실을 많이 감는 것이 아니라 실 가닥수를 추가하거나 두꺼운 실을 사용해야 합니다.

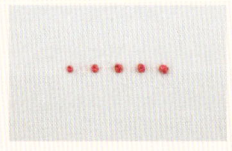 

실을 감은 횟수는 왼쪽부터 1회, 2회, 3회, 4회, 5회 순

피스틸 스티치 Pistil stitch

프렌치 노트 스티치와 수놓는 방법이 유사합니다. 꼬리가 긴 프렌치 노트 스티치 형태로 롱 프렌치 노트 스티치 혹은 롱 테일드 프렌치 노트 스티치라고도 부릅니다.

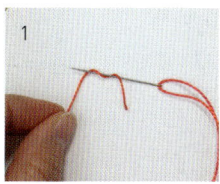 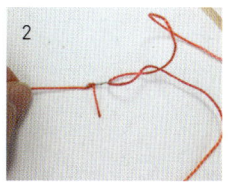 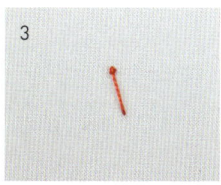

1 바늘을 천 앞으로 빼고 바늘대에 감으세요. 감는 횟수는 1회에서 최대 3회 정도가 적당합니다.
2 왼손으로 감은 실을 팽팽하게 유지한 채 나온 곳에서 약간 떨어진 곳으로 바늘을 넣으세요.
3 천 뒤쪽에서 실을 완전히 당기면 피스틸 스티치가 완성됩니다.

콜로니얼 노트 스티치 Colonial knot stitch

프렌치 노트 스티치와 생김새가 비슷하므로 둘 중 어느 것을 선택해도 좋습니다. 자수를 시작한 지 얼마 되지 않았다면 프렌치 노트 스티치가 헐거워지기가 쉬운데, 그럴 땐 콜로니얼 노트 스티치를 시도해보세요. 좀더 천에 단단하게 밀착된 매듭을 만들 수 있습니다.

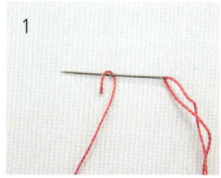   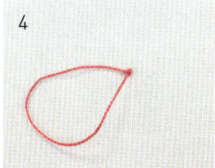

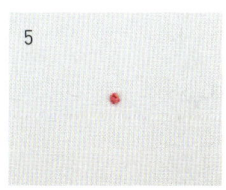

1 천 앞으로 바늘을 내보낸 다음 사진과 같이 바늘대에 실을 걸쳐놓습니다.
2 왼손으로 실을 휘감아 숫자 '8'모양을 만드세요. 프렌치 노트 스티치는 실을 한 방향으로 감고, 콜로니얼 노트 스티치는 '8'자로 감습니다.
3 나왔던 자리 바로 옆에 바늘을 넣습니다. 나왔던 자리에 다시 넣어서는 안 되며 1올이라도 떨어져 있어야 합니다. 그리고 왼손으로 실을 팽팽하게 당겨 감은 부위를 천에 밀착시킵니다.
4 천 뒤에서 바늘을 천천히 당깁니다.
5 콜로니얼 노트 스티치 완성되었습니다.

스템 스티치 Stem stitch

글씨나 식물의 줄기 등 선을 수놓을 때, 면을 채울 때 자주 사용하는 스티치입니다. 반 땀씩 서로 겹치도록 수놓으면 밧줄 모양이 되는데, 이는 아우트라인 스티치와 아주 비슷한 모양입니다. 차이점이라면 스템 스티치는 도안선 밑에 실을 두고, 아우트라인 스티치는 도안선 위에 실을 두는 것입니다.

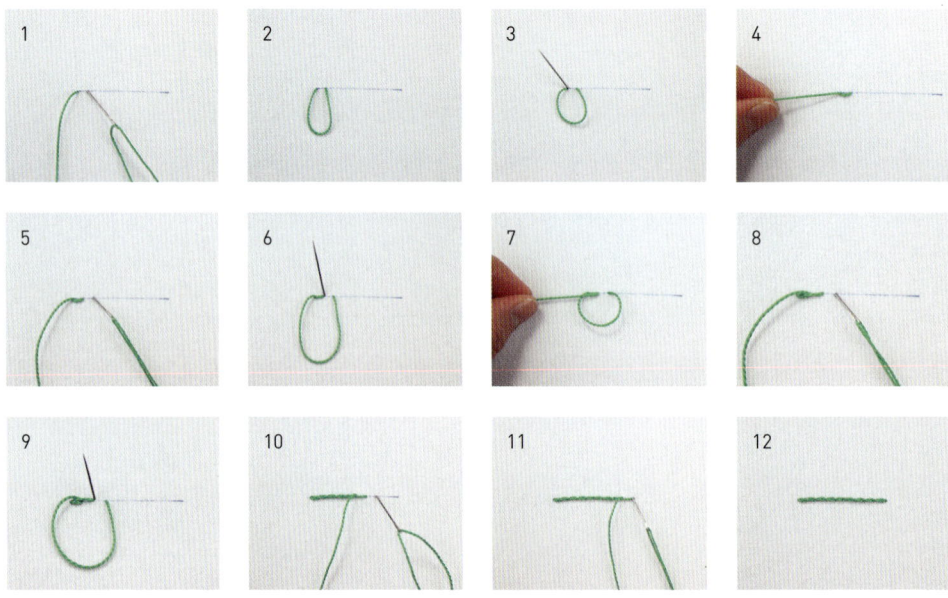

1   스템 스티치는 왼쪽에서 시작해 오른쪽으로 진행합니다. 도안선의 왼쪽 끝(시작점)에서 바늘을 꺼내 오른쪽으로 한 땀 길이만큼 지난 곳에 넣습니다.
2   뒤에서 실을 완전히 당기지 않고 천 앞에 느슨하게 둡니다.
3   시작점으로 바늘을 다시 꺼내세요. 이때 느슨하게 둔 실은 도안선의 아래를 향하도록 합니다. 스템 스티치를 할 때에는 동작의 처음부터 끝까지 실을 도안선 밑에 두어야 합니다.
4   스티치가 천에 완전히 밀착되도록 실을 왼쪽으로 당기며 바짝 조입니다.
5   첫 스티치에서 오른쪽으로 한 땀 이동하여 바늘을 넣습니다.
6   실을 도안선 아래로 느슨하게 둔 상태에서 첫 스티치의 오른쪽 바늘구멍으로 바늘을 빼세요.
7   왼쪽으로 실을 바짝 당기세요.
8   방금 수놓은 스티치에서 다시 한 땀 지나서 바늘을 넣으세요.
9   마찬가지로 이전 스티치의 오른쪽 바늘구멍으로 바늘을 뺍니다.
10 계속 동작을 반복하면 스티치끼리 서로 반 땀씩 겹쳐지게 됩니다.
11 마무리할 때에는 마지막 스티치의 바늘구멍에 바늘을 넣으세요.
12 스템 스티치가 완성되었습니다.

Tip

시작과 끝을 가늘게 수놓는 방법
스템 스티치의 시작과 끝을 가늘게 표현하고자 할 때에는 아래와 같은 요령으로 수놓습니다.

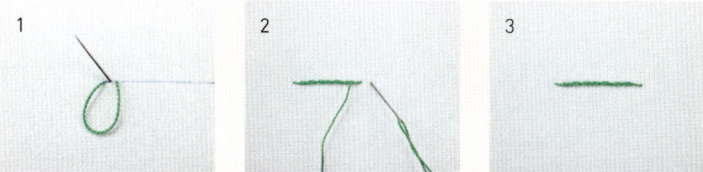

1 첫 스티치를 할 때 시작점에서 다시 바늘을 꺼내는 대신 한 땀의 가운데에서 꺼냅니다.
  이렇게 시작하면 첫 스티치와 다음 스티치가 반 땀씩 겹치지 않아 가늘게 표현할 수 있습니다.
2 마무리할 때에는 마지막 스티치에서 오른쪽으로 좀 더 이동해 바늘을 넣으세요.
3 이렇게 마무리하면 양쪽 끝이 날렵하고 뾰족한 스템 스티치를 수놓을 수 있습니다.

모서리를 수놓는 방법
모서리를 수놓을 때처럼 수놓는 방향이 갑자기 바뀌는 경우가 있습니다. 이를 놓치고 계속해서 바느질을 이어가면 의도한 모양대로 결과물이 나오지 않습니다. 모서리를 깔끔하게 표현하고 싶다면 아래와 같은 요령으로 수놓아보세요.

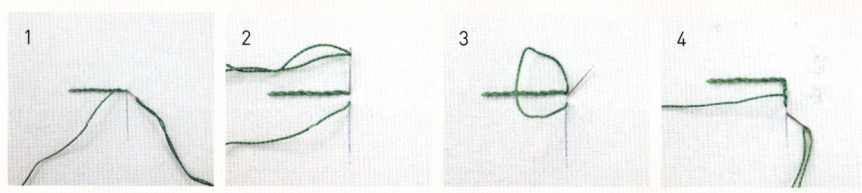

1 꺾이는 점에 바늘을 넣어 가로 방향의 스템 스티치를 마무리합니다.
2 이제 방향을 바꿔서 세로로 한 땀 지난 거리에 바늘을 꺼낸 다음에 다시 꺾이는 점으로
  바늘을 넣어 한 땀 만들어줍니다. 이때 실은 바싹 당기지 않습니다.
3 꺾이는 점 약간 아래에서 바늘을 다시 뽑은 다음 실을 완전히 당기세요.
4 세로 방향의 스템 스티치를 이어갑니다.

실 바꾸기

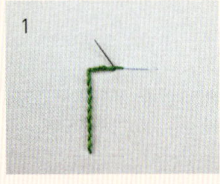 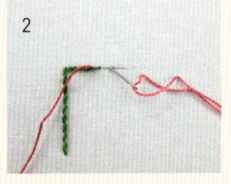 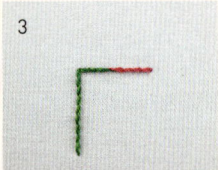

1 한 땀의 절반 위치에서 새 실을 끼운 바늘을 꺼내세요.
2 오른쪽으로 한 땀 지나 바늘을 넣으세요.
3 실을 바꾸기 전처럼 스템 스티치를 계속 이어갑니다.

곡선을 수놓을 때 주의할 점

바늘땀 길이 조절하기

스템 스티치로 자연스러운 곡선을 표현하려면 직선을 수놓을 때보다 바늘땀을 짧게 줄여야 합니다. 선의 굴곡 정도에 따라 바늘땀 길이를 융통성 있게 조절하세요. 많이 휘어진 곡선일수록 땀 길이를 짧게 합니다.
바늘땀이 길면 곡선이 부자연스럽습니다. 또한 스티치끼리 겹치는 부분이 벌어져 삼각형 모양이 됩니다(왼쪽). 땀 길이를 줄이면 매끄럽고 자연스러운 곡선을 수놓을 수 있습니다(오른쪽).

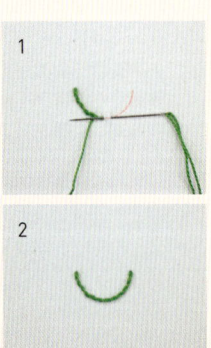

도안 방향 주의하기

아주 큰 차이가 나는 것은 아니지만 더욱 섬세한 표현을 위해 도안의 곡선을 아래로 볼록한 방향으로 놓고 왼쪽부터 스템 스티치로 수놓습니다. 만약 위로 볼록한 곡선이라면 수틀을 돌려 아래로 볼록하게 두면 됩니다.

스템 스티치의 두께 조절하기
스템 스티치는 각 스티치끼리 겹치는 정도에 따라 두께에 변화를 줄 수 있습니다.

굵은 스템 스티치
반 땀보다 더 많이(2/3 정도) 겹칩니다.

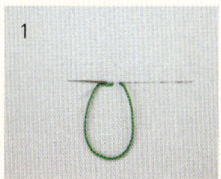 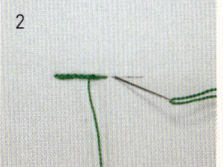 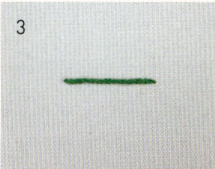

얇은 스템 스티치
반 땀보다 더 적게(1/3 정도) 겹칩니다.

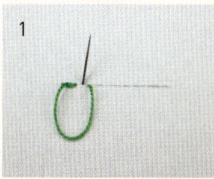 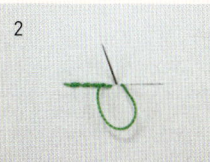 

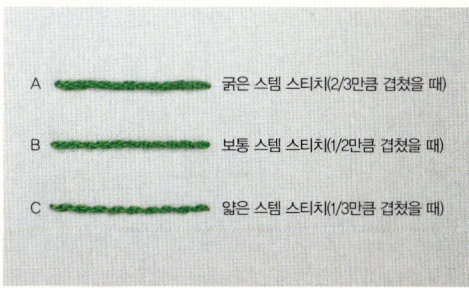

스템 스티치 로즈 Stem stitch - rose

스템 스티치를 응용하여 장미를 수놓는 방법입니다. 중앙에 프렌치 노트 스티치(다른 스티치도 가능)를 수놓고 그 둘레를 반시계방향으로 돌며 느슨한 스템 스티치를 하면 도드라진 모양의 장미를 수놓을 수 있습니다.

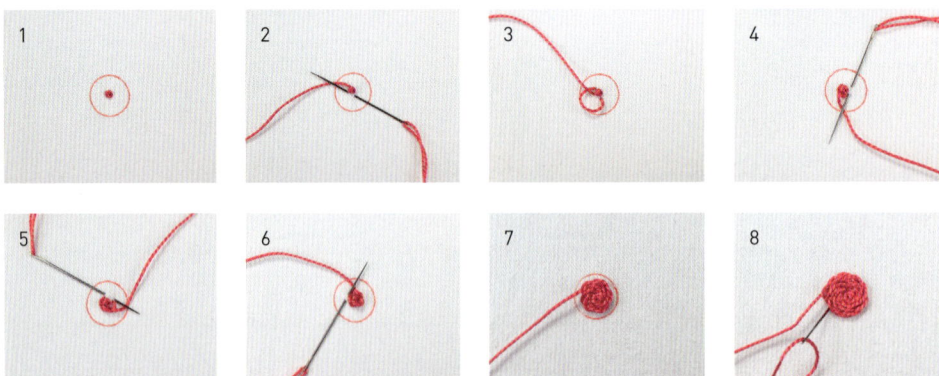

1 원하는 크기의 동그라미를 그리고 가운데에 프렌치 노트 스티치를 1개 수놓으세요.
2 프렌치 노트 스티치의 바깥으로 바늘을 내보낸 다음에 오른쪽에서 왼쪽으로 한 땀 떠줍니다.
3 실을 바짝 잡아당기지 않고 약간 느슨하게 둡니다.
4 다시 한 땀 떠줍니다. 스템 스티치 로즈는 꼭 반 땀씩 스티치를 겹칠 필요는 없습니다.
5 계속해서 반시계방향으로 이동하며 실을 느슨하게 둔 스템 스티치를 수놓습니다.
   수틀을 돌려가며 작업하면 더 정확한 모양으로 수놓을 수 있습니다.
6 이전에 했던 스티치의 모서리를 감싸며 동작을 이어갑니다. 중심에서 바깥으로 갈수록
   바늘땀은 점점 길어져야 합니다.
7 원하는 크기가 될 때까지 동작을 반복하세요.
8 적당한 위치에 바늘을 찔러 넣어 마무리합니다.

> **Tip**
>
> ### 곡선을 수놓을 때 주의할 점
>
>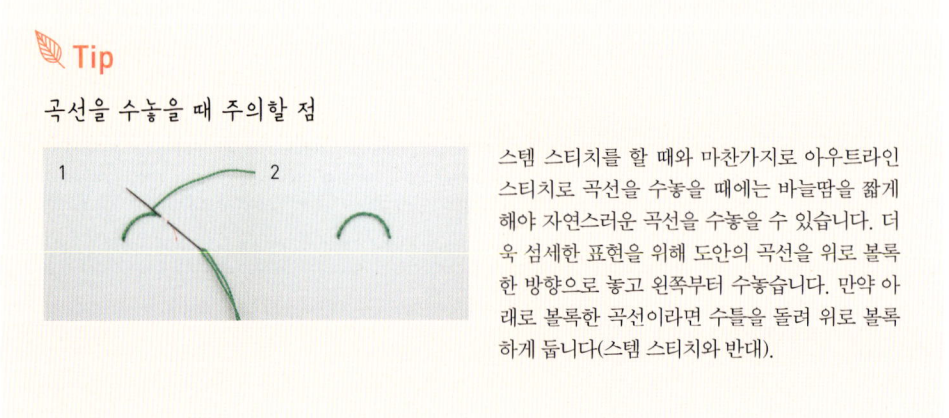
>
> 스템 스티치를 할 때와 마찬가지로 아우트라인 스티치로 곡선을 수놓을 때에는 바늘땀을 짧게 해야 자연스러운 곡선을 수놓을 수 있습니다. 더욱 섬세한 표현을 위해 도안의 곡선을 위로 볼록한 방향으로 놓고 왼쪽부터 수놓습니다. 만약 아래로 볼록한 곡선이라면 수틀을 돌려 위로 볼록하게 둡니다(스템 스티치와 반대).

아우트라인 스티치 Outline stitch

스템 스티치와 거의 같은 방법으로 수놓습니다. 왼쪽에서 시작해 오른쪽으로 진행하면서 이웃하는 스티치끼리 반 땀씩 겹쳐 밧줄 모양으로 수놓습니다. 스템 스티치와 방법상 다른 점이 있다면, 작업중인 실을 완성선 위에 두고 수놓는 것입니다.

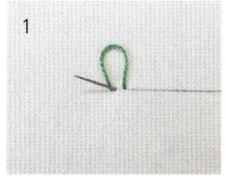

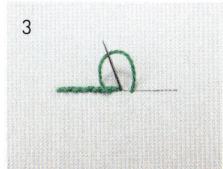
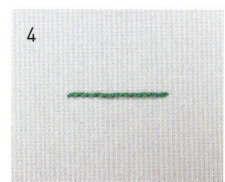

1. 왼쪽 끝(시작점)에서 바늘을 꺼내 오른쪽으로 한 땀 길이만큼 지난 곳에 넣습니다. 그런 다음 실을 도안선 위에 느슨하게 둔 상태에서 중간 지점(또는 시작점)으로 바늘을 내보냅니다.
2. 실을 바짝 당긴 다음 첫 스티치에서 오른쪽으로 한 땀 지나 바늘을 넣으세요. 이때 실은 완성선 위에 둡니다. 그런 다음 첫 스티치의 오른쪽 바늘구멍으로 다시 나옵니다.
3. 계속 이러한 동작을 반복하면 바늘땀끼리 반 땀씩 겹치게 됩니다. 동작마다 실은 완성선 위에 두는 것을 잊지 마세요.
4. 아우트라인 스티치가 완성되었습니다.

 Tip

아우트라인 스티치 VS 스템 스티치

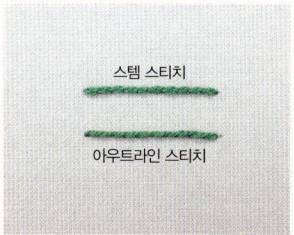

아우트라인 스티치와 스템 스티치는 실을 두는 방향 말고는 똑같은 방법으로 수놓습니다. 실을 위로 두느냐, 아래로 두느냐가 유일한 차이점인데, 그러면 수놓은 결이 서로 달라집니다. 스템 스티치는 꼬임이 좀더 도드라지고 입체적인 모양이고, 아우트라인 스티치는 상대적으로 부드럽고 매끈합니다.

이러한 차이점이 발생하는 이유는 자수실의 꼬임 방향 때문입니다. 아우트라인 스티치의 경우 꼬임이 살짝 풀리는 방식이기 때문에 표면이 매끈해지는 것입니다. 이와 반대로 스템 스티치는 실의 꼬임이 좀더 조여지는 방식의 스티치입니다. 그런데 이는 자수실이 우연사(右撚絲, S꼬임)일 때만 해당됩니다. 만약에 좌연사(左撚絲, Z꼬임)일 경우 서로 반대가 됩니다. 좌연사로 아우트라인 스티치를 하면 실이 더 꼬이게 되고, 스템 스티치를 하면 덜 꼬이게 됩니다.

※좌연사는 말 그대로 왼쪽(반시계방향)으로 꼬인 실입니다. 실의 표면에 Z자 같은 결이 보입니다. 반대로 우연사는 오른쪽(시계방향)으로 꼬여 있어 실의 표면에 S자 방향의 결이 보입니다.

스플릿 스티치 Split stitch

바늘땀을 가르며(split) 진행하는 스티치로 촘촘한 체인 스티치와 비슷하게 생겼습니다. 선을 수놓을 때에는 물론 면을 채울 때도 자주 사용합니다. 이와 비슷한 스티치로는 스플릿 백 스티치가 있는데, 모양은 상당히 비슷하지만 동작이 다르므로 구분해서 사용하세요.

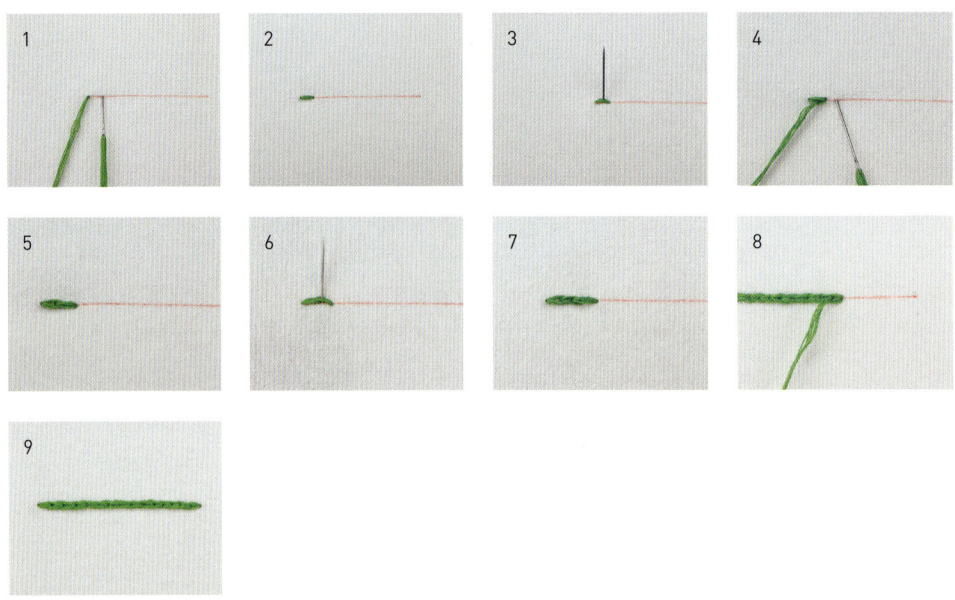

1 왼쪽 시작점에서 나와 오른쪽으로 한 땀 지나 바늘을 넣으세요.
2 스트레이트 스티치가 만들어졌습니다.
3 방금 만든 스트레이트 스티치의 가운데를 가르며 바늘을 뽑으세요.
4 한 땀 이동하여 바늘을 넣습니다.
5 바늘을 뒤에서 당겨 두 번째 스티치를 완성합니다.
6 두 번째 스티치의 가운데를 가르며 바늘을 뽑습니다.
7 다시 오른쪽으로 한 땀 이동하여 바늘을 넣으세요.
8 계속해서 동작을 반복합니다. 매 동작마다 바늘이 땀을 가르며 나오는 것이 이 스티치의 특징입니다.
9 스플릿 스티치가 완성되었습니다.

스플릿 백 스티치 Split back stitch

백 스티치처럼 앞으로 한 땀 진행했다가 다시 되돌아와서 바늘을 넣는 동작으로 수놓습니다. 되돌아와서 바늘을 넣을 때 이전 땀을 가르기 때문에 스플릿 스티치와 모양이 유사합니다.

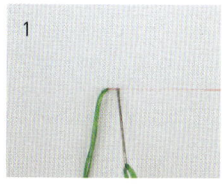
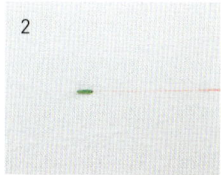

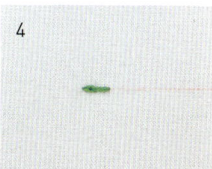

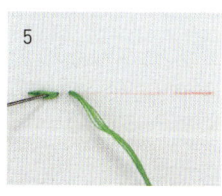
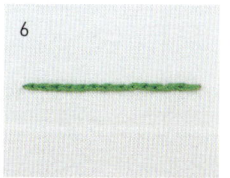

1 왼쪽 끝의 시작점에서 나와 한 땀 지나 바늘을 넣으세요.
2 스트레이트 스티치가 1개 만들어졌습니다.
3 오른쪽으로 반 땀 진행하여 바늘을 꺼낸 다음 되돌아와 첫 스티치의 가운데를 가르며 바늘을 넣으세요.
4 두 번째 스티치가 완성되었습니다. 이웃한 스티치는 서로 절반씩 겹친 상태입니다.
　※경우에 따라 절반보다 더 겹치거나 덜 겹치게 할 수도 있습니다.
5 다시 오른쪽 끝에서 반 땀 지나 바늘을 내보낸 다음 되돌아와 두 번째 스티치의 가운데를 가르며 바늘을 넣으세요.
6 동작을 계속 반복하여 스플릿 백 스티치를 완성합니다.

 Tip

스플릿 스티치와 스플릿 백 스티치 차이점

이 두 스티치는 구별하기 힘 들 정도로 비슷하지만 수놓는 동작은 차이가 있습니다. 스플릿 스티치는 바늘을 천 밖으로 내보낼 때 땀을 가르고, 스플릿 백 스티치는 천 뒤로 바늘을 넣을 때 땀을 가릅니다.
뒷면을 보면 차이점을 정확히 알 수 있습니다. 뒷면에 보이는 실은 사진에서 확인할 수 있듯 스플릿 백 스티치 쪽이 훨씬 많습니다. 같은 면적을 채울 경우 스플릿 백 스티치가 실의 소모량이 더 많다는 이야기죠. 실이 많이 소모된다고 해서 스플릿 백 스티치가 필요 없는 것은 아닙니다. 커브가 심한 선을 수놓을 때 스플릿 백 스티치가 방향 전환이 좀더 자유로운 편입니다.

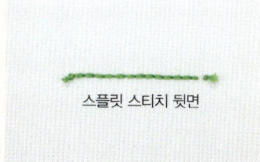
스플릿 스티치 뒷면

스플릿 백 스티치 뒷면

체인 스티치 Chain stitch

작은 고리가 서로 연결되어 사슬 모양을 이루는 자수기법입니다. 한 줄을 수놓으면 굵고 분명한 선을 표현할 수 있고, 여러 줄을 수놓아 면을 채울 수도 있습니다.

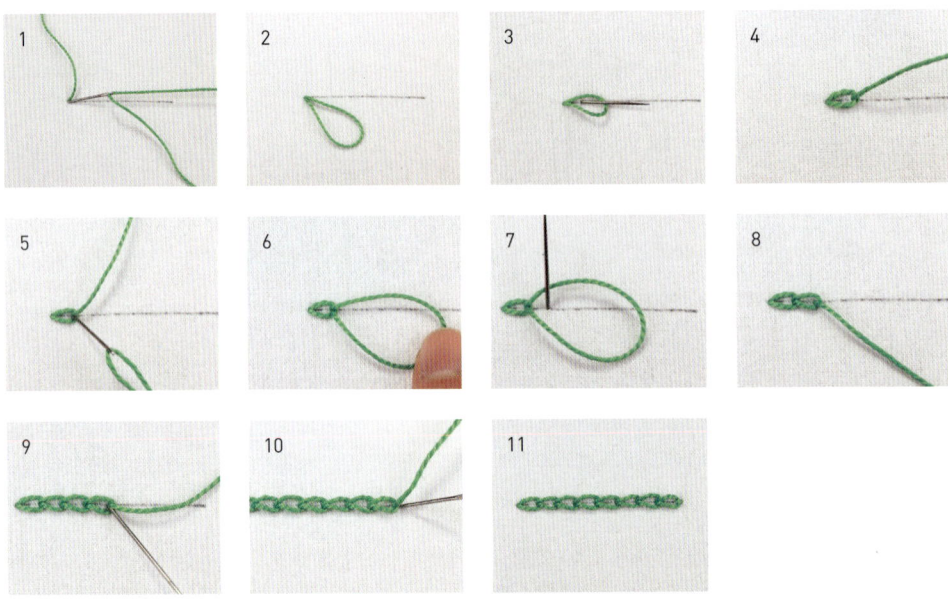

1 시작점에서 바늘을 천 앞으로 꺼냈다가 다시 나왔던 자리로 집어넣습니다.
2 천 앞에 고리 모양이 남도록 뒤에서 실을 적당히 당깁니다.
3 시작점에서 한 땀 지나 바늘을 내보냅니다. 이때 바늘은 고리의 안쪽에서 나와야 합니다.
4 바늘을 완전히 빼면서 실을 서서히 잡아당기세요. 그러면 동그란 체인 모양이 생겨요.
5 다시 나왔던 자리로 바늘을 넣습니다.
6 마찬가지로 천 앞에 실 고리를 남기세요.
7 한 땀 지나 바늘을 내보냅니다. 이때도 바늘은 고리의 안쪽에서 나와 바깥쪽을 향합니다.
8 실을 잡아 당겨 두 번째 체인을 만듭니다. 매번 동작마다 당기는 힘이 일정해야 체인의 크기가 고르게 됩니다.
9 계속 동작을 반복하세요.
10 마무리할 때에는 마지막 체인의 바깥으로 바늘을 찔러 넣으세요.
11 체인 스티치가 완성되었습니다.

Tip

모서리를 수놓는 방법

체인 스티치를 하다가 꺾이는 지점이 나오면 바느질을 계속 이어가지 말고
아래와 같은 방법으로 수놓으세요.

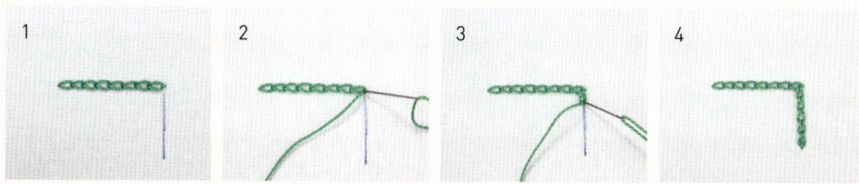

1 가로 방향의 체인 스티치를 일단 마무리하세요.
2 고리의 안쪽에서 다시 바늘을 내보내고 새로운 체인 스티치를 시작합니다.
3 세로 방향의 체인 스티치를 이어갑니다.
4 모서리를 깔끔하게 수놓았습니다.

동그라미를 수놓는 방법

어디서 시작하고 끝났는지 구분할 수 없을 정도로 깔끔하게 동그라미를 수놓는 방법입니다.

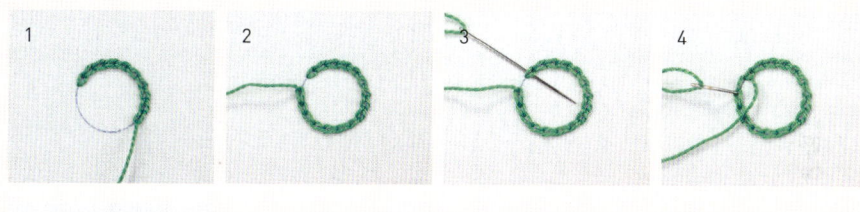

1 체인 스티치로 동그라미를 따라 수놓으세요. 땀의 길이는 직선을 수놓을 때보다 짧아야 합니다.
2 마지막 한 땀을 남겨두세요.
3 제일 처음 만든 체인 밑으로 바늘을 통과시킵니다.
4 마지막 체인의 안쪽으로 바늘을 넣어 마무리하세요.
5 동그라미가 깔끔하게 마무리되었습니다.

체인 스티치 실 바꾸기

수놓던 실이 모자랄 때에는 아래의 방법으로 실을 바꿔주세요.

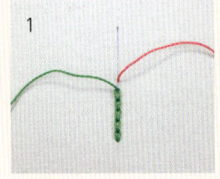 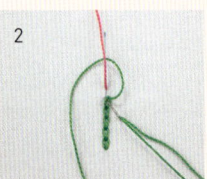 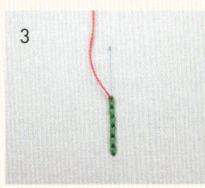 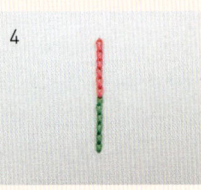

1 새로운 실(분홍색 실)을 바늘에 끼워서 마지막 체인에서 한 땀 떨어진 곳으로 내보냅니다.
2 기존 실(연두색 실)로 새로운 실(분홍색 실)의 밑을 감으세요. 그런 다음에 바늘을 체인 안쪽으로 넣으세요.
3 기존 실은 뒤에서 매듭지어 마무리합니다. 이제 새로운 실로 체인 스티치를 이어갈 수 있습니다.
4 체인 스티치 실 바꾸기가 성공했습니다.

휘프드 체인 스티치 Whipped chain stitch

체인 스티치를 다른 실로 감아서 장식한 응용 스티치로 입체적이고 굵은 선을 표현하기에 좋습니다.

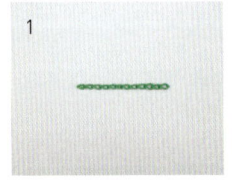 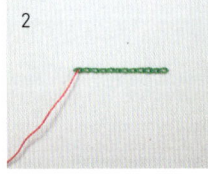 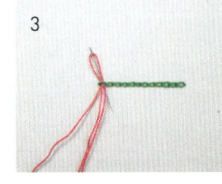 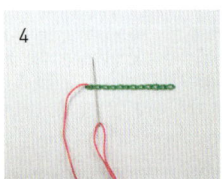

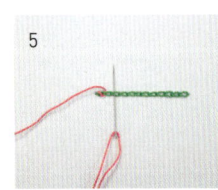 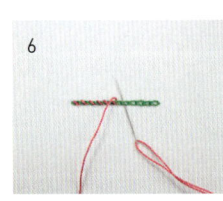 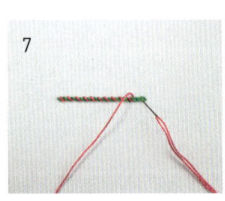 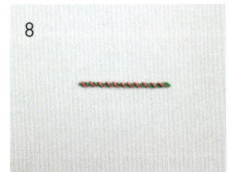

1 체인 스티치를 한 줄 수놓으세요. 실을 통과해야 하므로 간격이 너무 조밀하지 않게 주의합니다.
2 체인 스티치와 다른 색상의 실 또는 같은 색상의 실을 바늘에 꿰어 첫 체인 스티치의 중앙에서 꺼냅니다.
3 첫 스티치(맨 왼쪽)의 실 밑으로 바늘을 통과하여 고리 바깥으로 끄집어내세요.
4 두 번째 체인 스티치의 밑으로 바늘을 통과시킵니다. 이때 바늘 끝이 아래에서 위를 향하도록 하세요.
5 같은 요령으로 세 번째 체인 스티치 밑을 통과시킵니다. 이때 바늘이 다른 실이나 천을 건드리지 않아야 합니다.
6 계속해서 각 체인 스티치마다 한 번씩 바늘을 통과시킵니다.
7 마지막 체인 스티치(맨 오른쪽)의 밑으로 바늘을 넣어 마무리합니다.
8 휘프드 체인 스티치가 완성되었습니다.

리버스 체인 스티치 Reverse chain stitch

체인 스티치와 비슷한 모양의 스티치로 이전 스티치를 감으며 진행하는 것이 특징입니다. 브로드 체인 스티치라고도 부르며, 체인 스티치의 쓰임과 마찬가지로 선을 수놓거나 면을 채울 수 있습니다.

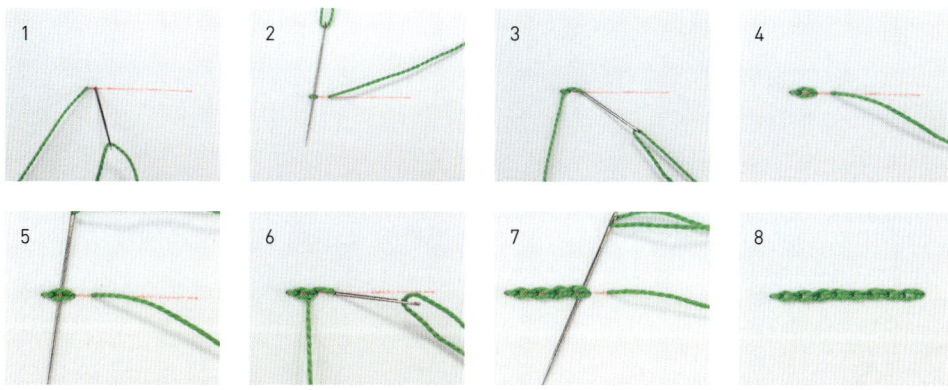

1 시작점에서 바늘을 꺼내 짧은 스트레이트 스티치를 하나 수놓습니다.
2 오른쪽으로 한 땀 진행하여 바늘을 내보낸 후 첫 스티치 밑을 통과합니다.
  이때 바늘 끝에 실이나 천이 걸리지 않도록 주의합니다.
3 나왔던 자리로 다시 바늘을 넣으세요.
4 실을 완전히 당기면 고리 모양의 스티치가 만들어집니다. 한 땀 지나 바늘을 천 앞으로 꺼냅니다.
5 앞서 만든 스티치 밑을 통과하세요.
6 나왔던 자리로 바늘을 넣어 두 번째 고리를 완성합니다.
7 이전 스티치 밑을 통과하며 동작을 계속 반복하세요.
8 리버스 체인 스티치가 완성되었습니다.

🍃 Tip

레이지 데이지 스티치로 시작하기

리버스 체인 스티치를 시작할 때 스트레이트 스티치 대신 레이지 데이지 스티치를 수놓는 방법입니다.

1 사진과 같은 방향으로 레이지 데이지 스티치를 하나 수놓으세요.
2 오른쪽으로 한 땀 지나 바늘을 천 앞으로 내보낸 후, 레이지 데이지 스티치의 고리 부분 밑을 통과합니다.
3 리버스 체인 스티치를 계속 이어갑니다.
4 처음과 끝의 두께가 같은 리버스 체인 스티치가 완성되었습니다.

레이지 데이지 스티치 Lazy daisy stitch

작은 고리 모양의 스티치로 디태치드 체인 스티치라고도 부릅니다. 수놓는 방법도 체인 스티치와 비슷해요. 작은 꽃잎, 나뭇잎 등을 수놓을 때 자주 사용합니다.

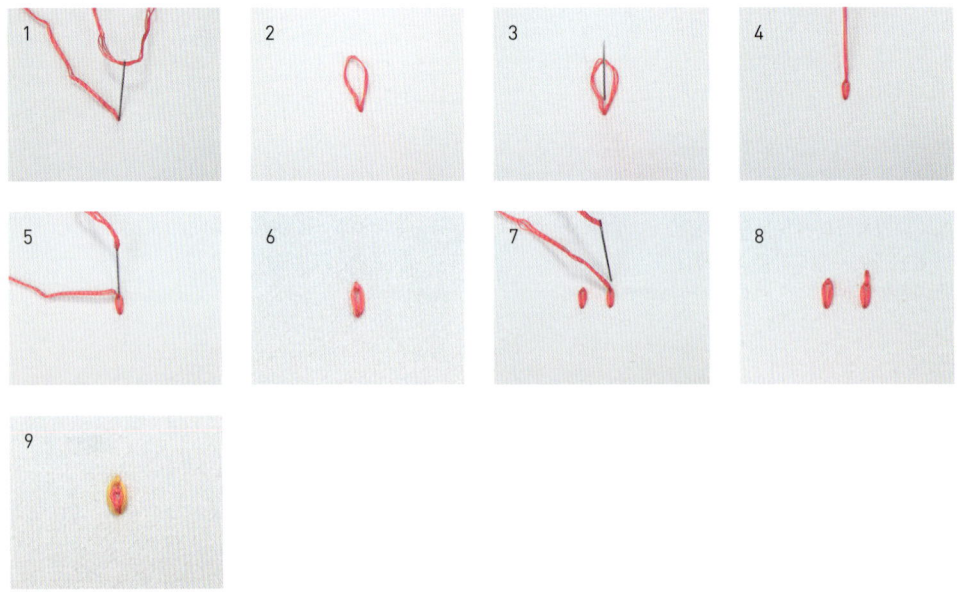

1 시작점에서 바늘을 천 앞으로 꺼냈다가 제자리로 다시 넣으세요.
2 고리 모양이 되도록 뒤에서 실을 적당히 당깁니다.
3 시작점에서 한 땀 지나 바늘을 내보냅니다. 이때 바늘은 고리의 안쪽에서 나와 바깥을 향해야 합니다.
4 바늘을 완전히 빼면서 실을 서서히 잡아당기세요. 실을 바짝 잡아당기면 뾰족한 모양의 고리가 되고, 덜 잡아당기면 둥근 모양의 고리가 됩니다.
5 고리 바깥으로 바늘을 찔러 넣으세요.
6 레이지 데이지 스티치가 완성되었습니다.
7 이번에는 좀더 멀리 떨어진 곳에 찔러 넣어 보겠습니다.
8 꼬리가 긴 레이지 데이지 스티치가 만들어졌습니다.
9 레이지 데이지 스티치의 바깥에 좀더 큰 레이지 데이지 스티치를 수놓으면 위와 같은 모양이 됩니다. 이 스티치를 더블 레이지 데이지 스티치라고 부릅니다.

레이지 데이지 스티치 & 스트레이트 스티치 1 Lazy daisy stitch & Straight stitch 1

레이지 데이지 스티치 위를 스트레이트 스티치로 덮어서 도톰한 새틴 스티치처럼 수놓는 기법입니다. 작은 꽃잎, 열매를 수놓을 때 자주 사용합니다.

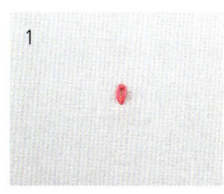 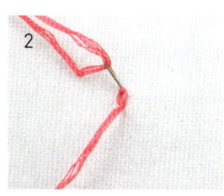 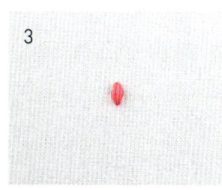

1 레이지 데이지 스티치 1개를 수놓으세요.
2 시작점에서 다시 바늘을 꺼내 스티치가 끝나는 지점으로 넣어 스트레이트 스티치를 수놓습니다.
　실이 꼬이지 않도록 주의하세요.
3 도톰한 씨앗 모양의 스티치가 완성되었습니다.

레이지 데이지 스티치 & 스트레이트 스티치 2 Lazy daisy stitch & Straight stitch 2

레이지 데이지 스티치 안쪽의 빈 곳을 스트레이트 스티치로 채우는 자수기법입니다.

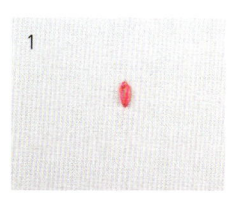 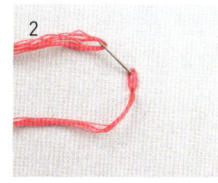 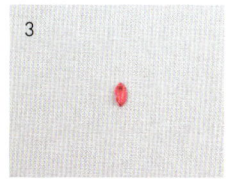

1 레이지 데이지 스티치 1개를 수놓으세요.
2 시작점에서 다시 바늘을 꺼내 레이지 데이지 스티치를 고정하는 짧은 스티치의 안쪽 바늘구멍으로 넣으세요.
3 스티치를 완성하였습니다.

블랭킷 스티치 Blanket stitch

담요의 가장자리를 마감할 때 사용한 바느질에서 유래한 스티치입니다. 잘라낸 천의 끝에서 올이 풀리는 것을 방지하며 장식 효과도 있습니다. 자수에서도 같은 용도로 사용할 수 있으며, 스티치 길이를 다양하게 하여 면적도 채울 수 있습니다.

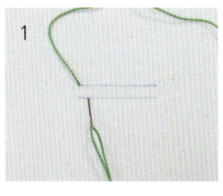
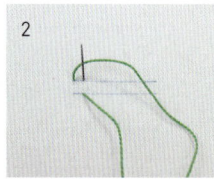
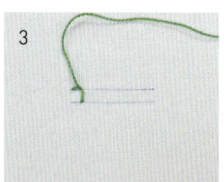
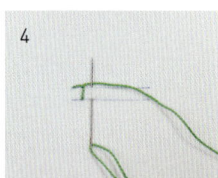

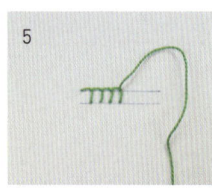
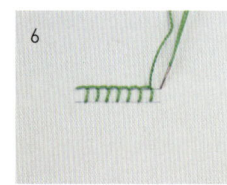

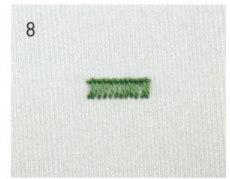

1 수평선 2줄을 그린 다음 윗줄 맨 왼쪽에서 바늘을 꺼내세요. 그리고 오른쪽으로 한 땀 거리를 이동하여 아랫줄에 바늘을 넣습니다.
2 천 앞에 실을 여유 있게 남겨둔 상태에서 바늘을 수직으로 이동하여 윗줄로 꺼냅니다.
3 실을 당기면 'ㄱ'자 모양의 스티치가 만들어집니다.
4 오른쪽으로 한 땀 이동하여 위의 단계를 반복합니다. 이 스티치는 사진에서와 같이 '바느질 동작'으로도 수놓을 수 있습니다.
5 오른쪽으로 진행하며 계속 동작을 이어갑니다.
6 윗줄의 맨 오른쪽에 바늘을 넣어서 마무리하세요.
7 블랭킷 스티치가 완성되었습니다.
8 이 스티치는 촘촘하게 수놓을 수도 있습니다.

 Tip

블랭킷 스티치 실 바꾸기

블랭킷 스티치를 하다 실이 모자랄 때 아래와 같은 방법으로 실을 바꿔주세요.

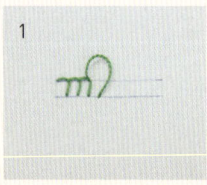
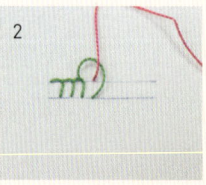
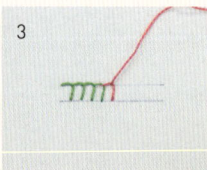
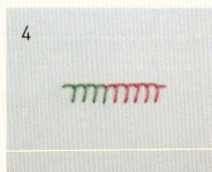

1 마지막 단계에서 바늘을 아랫줄에 넣고 실을 천 앞에 여유 있게 둡니다.
2 다른 바늘에 새로운 실(분홍색)을 꿴 다음 들어간 자리 바로 윗줄에서 나오세요.
3 새로운 실(분홍색)로 블랭킷 스티치를 이어갑니다. 전에 사용하던 실(연두색)은 뒷면에서 당겨 마무리합니다.
4 위와 같은 방식으로 실을 바꾸면 연결 부위가 티 나지 않고 자연스럽습니다.

블랭킷 핀휠 스티치 Blanket pinwheel stitch

블랭킷 스티치를 동그랗게 수놓은 것입니다. 블랭킷 링 스티치라고도 부릅니다.

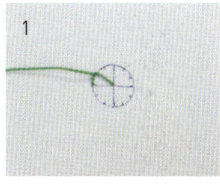 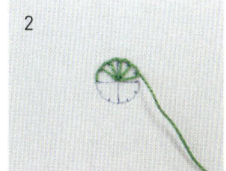  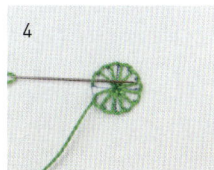

 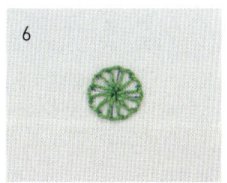

1 원을 그리고 중심을 표시해주세요. 원의 외곽선에서 바늘을 빼내 중심으로 넣는 블랭킷 스티치를 하세요.
2 계속 원의 중심을 기준으로 동그랗게 블랭킷 스티치를 이어갑니다. 중심에 바늘땀이 너무 몰린다면 스티치의 길이를 미세하게 조절합니다. 사진에서 두 번째, 네 번째 스티치는 약간 짧습니다.
3 마지막 한 땀을 남겨둡니다.
4 첫 스티치 밑으로 바늘을 통과시킵니다.
5 원의 중심으로 바늘을 넣어 마무리하세요.
6 블랭킷 핀휠 스티치가 완성되었습니다.

플라이 스티치 Fly stitch

좌우로 느슨하게 놓인 실을 세로 방향의 스트레이트 스티치로 고정해서 'Y'자 또는 'V'자 모양으로 수놓는 스티치입니다. 오픈 레이지 데이지 스티치라고도 합니다.

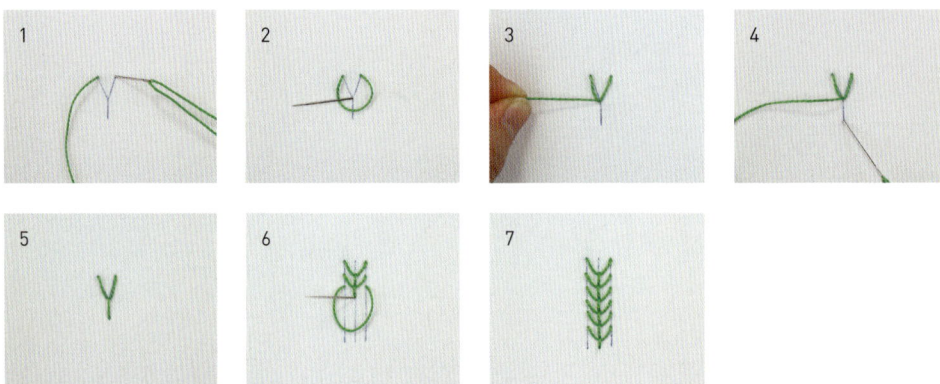

1 바늘을 왼쪽에서 꺼내 오른쪽으로 넣습니다. 이때 실은 바짝 당기지 말고 천 앞에 느슨하게 두어 고리 모양을 만듭니다.
2 두 바늘구멍의 중앙 하단부로 바늘을 내보내세요. 이때 실 고리를 바늘 밑에 두어야 합니다.
3 실을 위로 들어올렸다 내리면 완전히 조여집니다.
4 나왔던 자리에서 아래로 한 땀 지나 바늘을 넣으세요. 들떠 있던 실이 고정됩니다.
5 'Y'자 모양의 플라이 스티치가 완성되었습니다. 세로로 고정하는 실의 길이는 길거나 짧게 조절할 수 있습니다.
6 플라이 스티치를 연속해서 수놓으세요.
7 가지 모양을 쉽게 표현할 수 있습니다.

플라이 스티치 리프 Fly stitch - leaf

플라이 스티치를 연속하여 수놓아 나뭇잎 모양을 채우는 기법입니다.

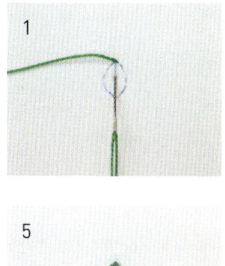
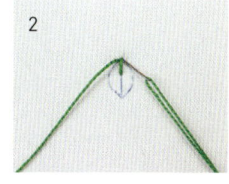
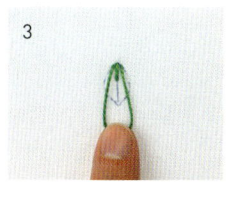
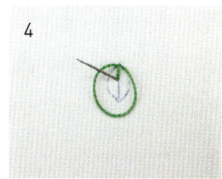

1 잎의 끝에서 바늘을 꺼내 잎맥의 가운데로 바늘을 넣어 스트레이트 스티치를 수놓습니다.
  스트레이트 스티치의 적당한 길이는 잎 전체 길이의 1/3 정도입니다.
2 잎의 외곽선을 따라 왼쪽에서 바늘을 꺼낸 다음 맞은편인 오른쪽으로 바늘을 넣으세요.
3 실을 바짝 당기지 말고 천 앞에 실 고리를 남겨둡니다.
4 스트레이트 스티치 바로 밑에서 바늘을 꺼내세요. 이때 바늘은 실 고리 안쪽에서 바깥을 향해야 합니다.
5 실을 완전히 당기고 실 고리 바깥으로 바늘을 넣어 첫 플라이 스티치를 완성합니다.
6 같은 방식으로 두 번째 플라이 스티치를 완성합니다.
7 잎 모양을 따라 촘촘하게 플라이 스티치를 반복하세요.
8 나머지 공간은 스트레이트 스티치로 마저 채웁니다.
9 플라이 스티치로 잎을 수놓았습니다.

페더 스티치 Feather stitch

플라이 스티치를 좌우로 번갈아가며 수놓는 자수 기법입니다. 나뭇가지 모양을 닮았으며, 각도와 간격을 달리하여 다양한 모양으로 수놓을 수 있습니다.

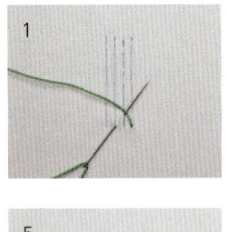
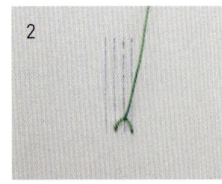
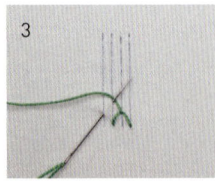
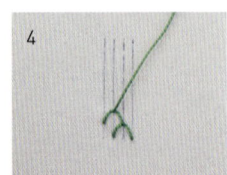

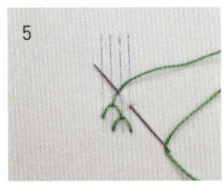
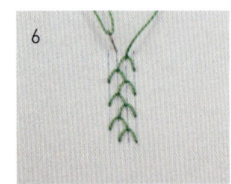
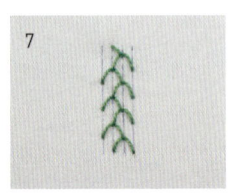

1. 서로 수평한 선을 4개 그리세요. 네 번째 줄에서 나와 두 번째 줄에 바늘을 넣고 조금 위로 올라가 세 번째 줄로 나옵니다. 이때 실은 바늘 밑에 두세요.
2. 실을 잡아당기면 'V'자 모양의 스티치가 만들어집니다. 이는 플라이 스티치할 때와 같습니다.
3. 첫 번째 줄에 바늘을 넣고 약간 위로 올라가 두 번째 줄로 나옵니다. 이때도 마찬가지로 실은 바늘 밑에 둡니다.
4. 실을 당겨서 'V'자 모양의 스티치를 완성합니다.
5. 네 번째 줄에 바늘을 넣고 같은 방식으로 스티치를 이어갑니다.
6. 계속해서 좌우 교대로 스티치를 반복하여 수놓고 천 뒤로 바늘을 넣어 마무리합니다.
7. 페더 스티치가 완성되었습니다.

카우칭 스티치 Couching stitch

굵은 실을 가는 실로 고정하여 수놓는 기법입니다. 2개의 바늘과 자수실이 필요합니다. 주로 선을 표현하고, 경우에 따라 여러 줄을 수놓아 면적을 채울 수도 있습니다.

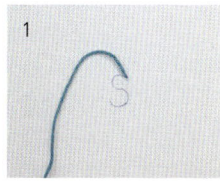
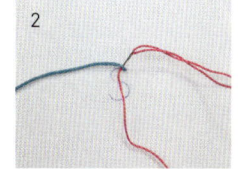
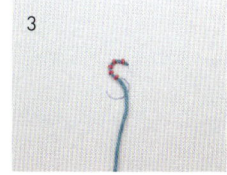
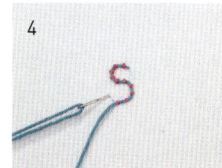

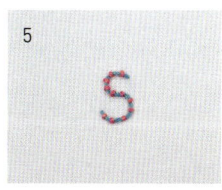

1 도안의 시작 부분에 굵은 실을 빼놓으세요.
2 가는 실을 이용하여 굵은 실 위를 짧은 스티치로 고정합니다.
3 도안선을 따라 같은 동작을 반복합니다. 직선을 수놓을 때에는 바늘땀 간격을 일정하게, 곡선을 수놓을 때에는 간격을 적절히 조정하세요.
4 실을 천 뒤로 넣어 마무리합니다.
5 카우칭 스티치가 완성되었습니다.

팔레스트리나 스티치 Palestrina stitch

입체적인 질감의 선을 표현하기에 좋은 스티치입니다. 대니시 노트 스티치를 연속하여 수놓은 기법으로, 실을 여러 겹 겹쳐서 두껍게 사용할수록 효과적입니다.
※대니시 노트 스티치는 이 책에 포함되어 있지 않지만 하단의 QR코드를 통해 동영상으로 수놓는 방법을 볼 수 있습니다.

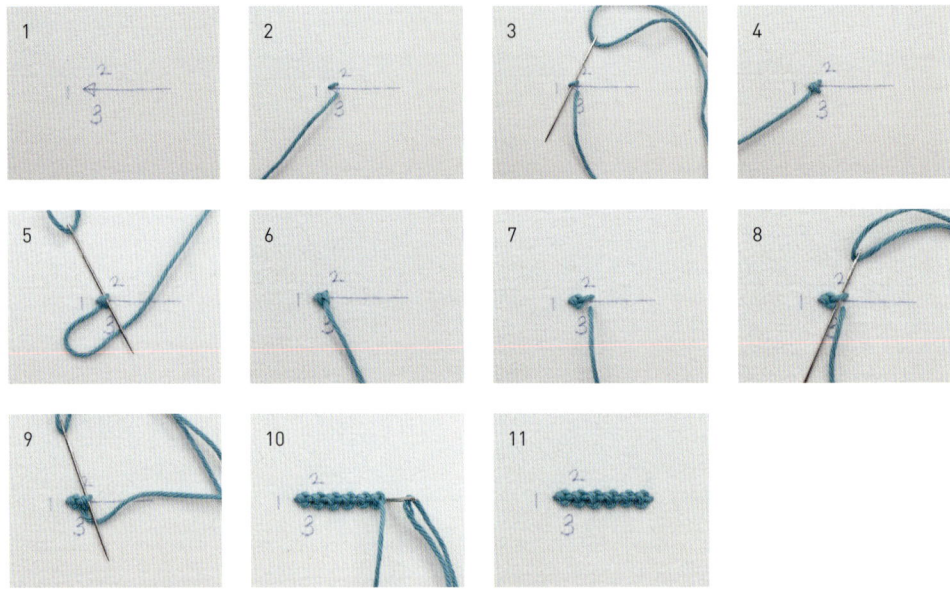

1 가로로 도안선을 그은 뒤 왼쪽 끝에 가상의 삼각형을 그립니다.
2 1에서 나와 2로 넣어 사선의 스트레이트 스티치를 수놓고 3으로 나옵니다.
3 스트레이트 스티치 밑으로 바늘을 통과하여 왼편으로 나옵니다.
4 실은 너무 바짝 당기지 않습니다.
5 다시 한 번 스트레이트 스티치 밑을 통과합니다. 이때에는 실을 바늘 밑에 두고 오른편으로 나오도록 합니다.
6 적당한 힘으로 실을 당기면 첫 스티치가 완성됩니다.
7 2에서 오른쪽으로 한 땀 떨어진 곳에 바늘을 넣고 도안선 하단으로 나옵니다.
  이렇게 하면 두 번째 스트레이트 스티치가 만들어집니다.
8 스트레이트 스티치 밑으로 바늘을 통과하여 왼편으로 나옵니다.
9 다시 한 번 더 통과하여 오른편으로 나오세요.
10 계속해서 동작을 반복합니다. 마무리할 때에는 사진과 같은 위치에 바늘을 넣으세요.
11 팔레스트리나 스티치가 완성되었습니다.

대니시 노트 스티치

그라니토스 스티치 Granitos stitch

'Granitos'는 스페인어로 작은 낟알, 알갱이를 뜻합니다. 이름 그대로 쌀알같이 생긴 이 스티치는 작은 꽃잎이나 열매를 수놓을 때 유용합니다. 수놓는 동작은 아주 단순해서, 같은 자리를 여러 번 왔다 갔다 반복하기만 하면 됩니다.

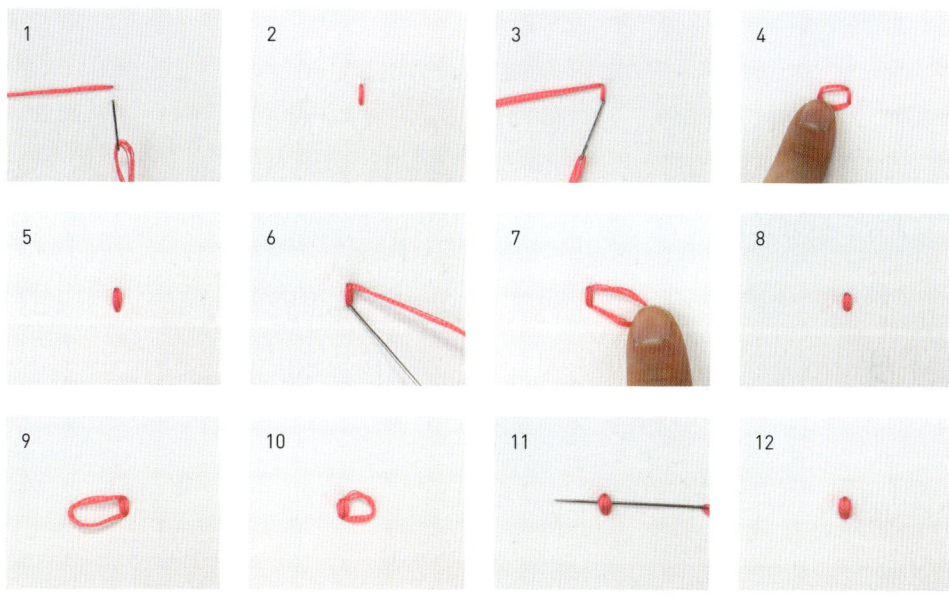

1   위에서 나와 아래로 한 땀 지나 바늘을 넣으세요. 이때 생긴 2개의 바늘구멍은 앞으로 계속 사용할 것입니다.
2   스트레이트 스티치 모양이 나옵니다. 실이 가지런히 놓였나 반드시 확인하세요.
3   바늘 끝에 실이 걸리지 않도록 조심스럽게 시작점에서 다시 나와서 아래에 있는 바늘구멍에 넣습니다.
    위, 아래 모두 첫 스티치와 같은 바늘구멍을 사용합니다.
4   스티치가 약간 왼쪽으로 치우치게 손가락으로 누르며 뒤에서 실을 완전히 당깁니다.
5   같은 바늘구멍을 공유한 2개의 스티치가 생겼습니다.
6   다시 시작점에서 나와서 아래로 바늘을 넣습니다.
7   이번에는 스티치가 오른쪽으로 치우치게 손가락으로 누르며 뒤에서 실을 완전히 당깁니다.
8   3개의 스티치가 겹쳐졌습니다. 여기까지만 해도 좋지만 스티치를 더욱 크게 하고 싶다면 다음 단계를 거칩니다.
9   다시 시작점에서 나와 위쪽으로 치우친 스티치를 수놓습니다.
10 이제 오른쪽에도 똑같이 수놓습니다.
11 총 5개의 스티치가 겹쳐졌습니다. 마지막으로 바늘을 스티치 밑으로 넣어 살짝 들어올리면서
    모든 실을 고루 펴줍니다.
12 볼록한 쌀알 모양의 그라니토스 스티치가 완성되었습니다.

스파이더 웹 로즈 스티치 Spider web rose stitch

방사형의 기둥 실을 거미줄처럼 엮어서 동그란 장미 모양을 만드는 자수기법입니다. 기둥 실의 개수는 반드시 홀수여야 자연스럽게 엮을 수 있습니다. 스티치의 크기가 커질수록 기둥 실의 개수를 점차 늘리는 것이 보기 좋습니다. 아주 작은 스티치는 3개, 그것보다 커진다면 5개, 7개 순으로 늘려가세요.

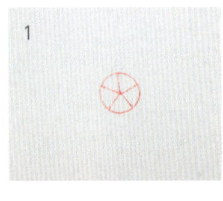 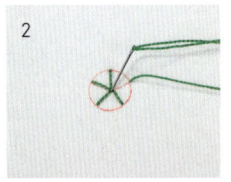 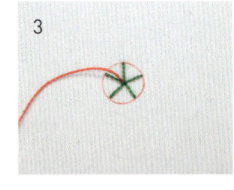 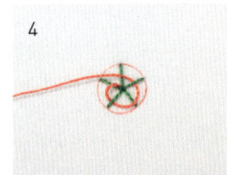

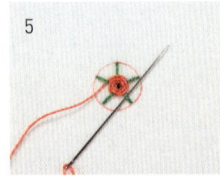 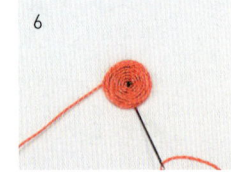 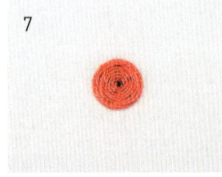

1 원하는 크기만큼 동그라미를 그린 다음 원의 중심에서 방사형으로 뻗어나가는 가지를 5개 그립니다. 가지의 길이가 들쭉날쭉하지 않도록 주의하세요.
2 스트레이트 스티치로 가지 위를 한 땀씩 수놓으세요. 이 스티치가 기둥 실이 됩니다.
3 원의 중심과 가까운 곳에서 바늘을 꺼내세요.
4 시계방향 또는 반시계방향으로 돌며 기둥 실 위아래를 통과합니다. 바늘 끝에 천이나 다른 실이 걸리지 않도록 조심하세요. 바늘귀를 잡고 통과해도 좋습니다.
5 실의 장력을 일정하게 유지하며 동작을 계속 반복합니다. 이전 단계에서 기둥실의 '위-아래-위'를 통과하였다면 다음 단계에서는 '아래-위-아래'를 통과하는 식으로 교차시켜 엮어줍니다.
6 기둥 실이 보이지 않을 때까지 엮은 다음 바늘을 스티치 밑으로 찔러 넣어 마무리합니다.
7 스파이더 웹 로즈 스티치가 완성되었습니다.

피시본 스티치 Fishbone stitch

사선의 스트레이트 스티치를 서로 교차시켜 잎사귀 모양을 수놓는 자수기법입니다. 피시본 스티치는 2가지 방법으로 수놓을 수 있는데 이 책에서는 그중 한 가지 방법만 다루고 있습니다.

1. 원하는 크기의 잎을 그리고 하단에 작은 잎을 그립니다.
2. 잎의 끝에서 바늘을 꺼내 전체 잎 크기의 1/3 지점에 바늘을 넣어 스트레이트 스티치를 수놓습니다.
3. 잎의 외곽선을 따라 왼쪽에서 바늘을 꺼낸 다음 작은 잎의 오른편에 바늘을 넣어 사선의 스트레이트 스티치를 수놓습니다.
4. 이번에는 오른쪽에서 바늘을 꺼내 작은 잎의 왼편에 바늘을 넣어 사선의 스트레이트 스티치를 수놓습니다.
5. 계속해서 잎의 왼편에서 나와 작은 잎의 오른편에 넣으세요.
6. 맞은편에도 똑같이 수놓아 스티치를 교차시킵니다.
7. 왼쪽, 오른쪽을 번갈아가며 수놓아 잎을 채웁니다.
8. 잎의 끝까지 피시본 스티치를 했습니다. 이 단계에서 마무리하면 잎의 아랫부분이 부자연스럽습니다.
9. 나머지 빈 부분을 스트레이트 스티치로 수놓아 자연스러운 곡선을 표현합니다.
10. 피시본 스티치가 완성되었습니다.

새틴 스티치 Satin stitch

스트레이트 스티치를 촘촘하게 배열한 자수기법입니다. 이웃하는 바늘땀끼리 나란히 배열하면 공단(satin)처럼 매끄럽고 고운 질감을 얻을 수 있습니다. 너무 넓은 면적을 수놓기에는 적절하지 않으며, 한 땀의 길이는 최대 1.5cm를 넘지 말아야 합니다. 바늘땀이 길어지면 천과 자수실 사이가 들뜨고, 천이 울기 쉽습니다. 이때에는 비슷한 질감을 가진 롱 앤드 쇼트 스티치로 대체하는 것이 좋습니다.

기본적인 새틴 스티치 방법

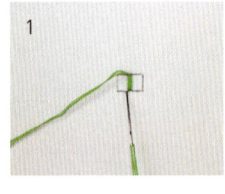 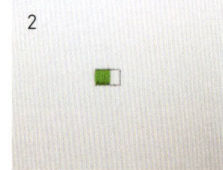 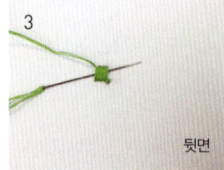 

1. 도안의 가운데부터 시작해서 상단에서 나와 하단으로 바늘을 넣으세요. 자수실은 세탁 후 약간 수축하므로 도안선 바깥으로 바늘이 드나드는 것이 좋습니다.
2. 고른 바늘땀으로 한쪽 절반을 빈틈없이 채웁니다.
3. 반대편을 수놓을 때에는 뒷면이 보이도록 수틀을 뒤집은 후 스티치 밑으로 바늘을 통과시킵니다.
4. 나머지 절반도 가운데부터 시작하여 촘촘하게 새틴 스티치로 채우세요.
5. 새틴 스티치가 완성되었습니다.

패디드 새틴 스티치 padded satin stitch

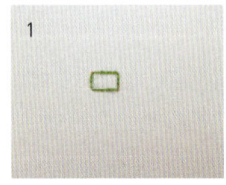 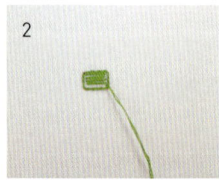 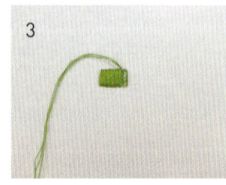 

1. 도안선 안쪽을 스플릿 백 스티치로 수놓습니다. 선을 수놓을 수 있는 다른 스티치를 사용해도 좋아요.
2. 안쪽을 스트레이트 스티치로 수놓으세요. 나중에 수놓을 새틴 스티치와는 반대 결이 되도록 합니다.
3. 이전 단계의 모든 스티치를 덮으며 새틴 스티치를 수놓으세요.
4. 도톰한 패디드 새틴 스티치를 완성했습니다.

부정형 도형을 새틴 스티치로 수놓는 방법

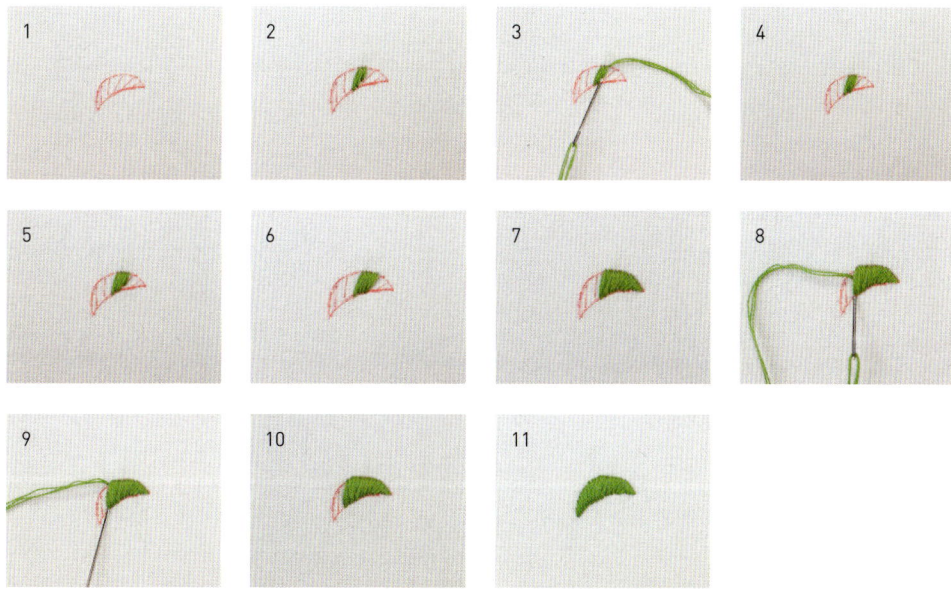

1 먼저 도안 위에 방향선을 표시하세요.
2 가운데부터 새틴 스티치를 시작합니다. 각도가 달라지는 곳은 약간 짧게 수놓으세요. 사진에서 세 번째 땀이 이웃하는 땀보다 짧습니다.
3 짧은 땀의 끝을 덮으며 다음 땀을 수놓으세요.
4 짧은 스티치의 끝이 잘 숨겨졌습니다.
5 다시 짧은 땀으로 수놓습니다.
6 다음 땀으로 이전 땀의 짧은 끝을 숨깁니다.
7 같은 방식으로 오른쪽 절반을 끝까지 수놓으세요.
8 반대편을 수놓습니다. 짧은 땀으로 수놓기 위해 완성선 안쪽에서 바늘이 나옵니다.
9 긴 땀으로 이전 스티치의 짧은 끝을 덮어줍니다.
10 왼쪽 절반은 이러한 방식으로 각도를 변형시킵니다.
11 남은 공간을 끝까지 채우면 완성입니다.

롱 앤드 쇼트 스티치 Long and short stitch

길고 짧은 땀을 반복하여 면적을 채우는 자수기법입니다. 단계별로 색상에 변화를 주어 명암을 표현할 수 있습니다. 스트레이트 스티치를 반복하는 단순한 동작이지만 완성도 높은 작업물을 얻기 위해서는 많은 연습이 필요합니다.

정형 도형 — 만화 캐릭터를 표현할 때

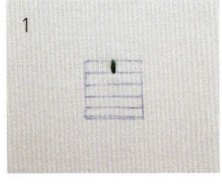 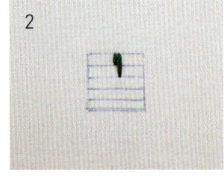 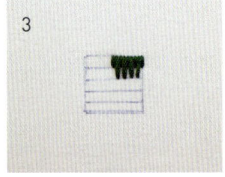 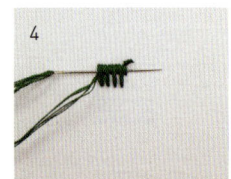
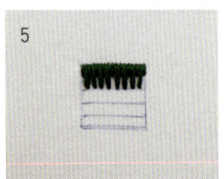 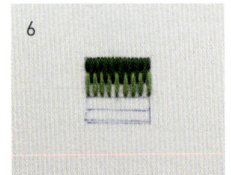 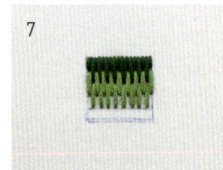 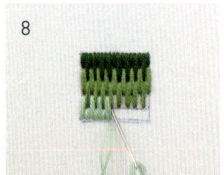
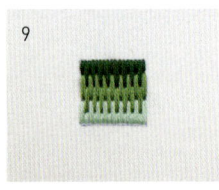

1 가로로 방향선을 표시한 뒤, 진한 색의 실로 가운데부터 짧은 땀을 수놓으세요.
2 바로 옆을 긴 땀으로 수놓습니다.
3 짧은 땀과 긴 땀을 번갈아가며 오른쪽 절반을 수놓으세요.
4 반대편을 스티치할 때에는 뒷면에서 수놓은 실을 통과하여 바늘을 내보냅니다.
5 왼쪽 절반을 짧은 땀과 긴 땀으로 채웁니다.
6 중간색의 실로 위 단계의 짧은 땀 바로 밑에다 긴 땀으로 스티치를 합니다.
7 다시 긴 땀으로 사이사이를 수놓습니다.
8 가장 옅은 색으로 긴 땀과 짧은 땀을 교대로 수놓으세요.
9 롱 앤드 쇼트 스티치가 완성되었습니다.

부정형 도형 — 자연스러운 명암을 표현할 때

1 수놓기 전에 대략적인 방향선을 미리 표시합니다. 면적이 큰 경우에는 수놓으려는 실과 같은 색으로 스트레이트 스티치를 해도 좋습니다.
2 진한 색의 실로 가운데부터 긴 땀과 짧은 땀을 반복합니다. 두 스티치의 길이 차이는 아주 크지 않습니다.
3 밑으로 갈수록 좁아지는 형태이므로 각도를 조절하여 불규칙한 땀으로 수놓으세요.
4 중간색의 실을 이용해 하단을 같은 방법으로 수놓습니다. 이때 바늘을 이전 단계의 스티치 사이사이에 넣습니다.
5 반대편도 같은 방식으로 수놓습니다. 주의할 것은 이전 단계의 스티치와 같은 바늘구멍을 사용해선 안 된다는 것입니다.
6 가장 옅은 색으로 하단을 수놓으세요. 바늘땀이 한 지점(하단 꼭짓점)으로 너무 몰리지 않게 분산시키세요.
7 꽃잎이나 나뭇잎은 이러한 방식으로 수놓습니다.

불리온 노트 스티치 Bullion knot stitch

실을 여러 번 휘감아 도드라지게 수놓는 자수 기법입니다. 스티치 간격과 실을 감는 횟수에 따라 다양한 모양으로 변형이 가능합니다. 다른 스티치보다 난이도가 있으므로 여러 번 연습해야 제대로 수놓을 수 있습니다. 일반적인 자수바늘보다는 밀리너 바늘을 사용해야 바늘이 쉽게 통과합니다.

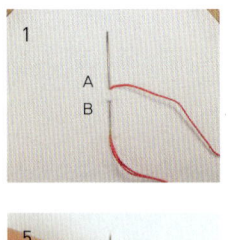 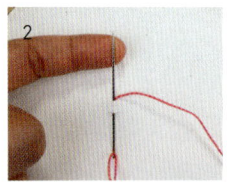 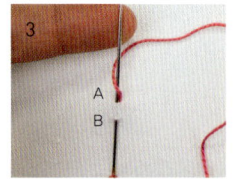 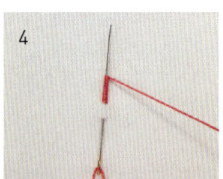

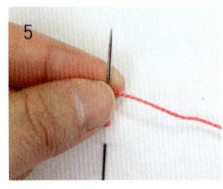 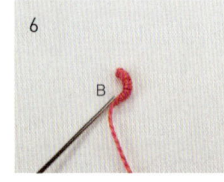 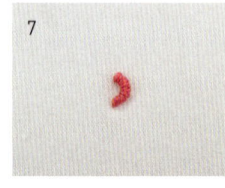 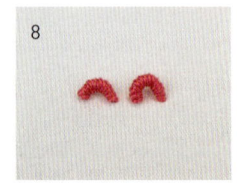

1. A에서 바늘을 꺼낸 다음 한 땀 지나서 B에 바늘을 넣고, 다시 처음 나왔던 자리 A로 바늘 끝이 나오게 합니다.
2. 왼손 검지로 바늘을 들어올리세요.
3. 바늘대에 실을 시계방향으로 감아줍니다. 자수실의 꼬임(S꼬임) 특성상 시계방향으로 감으면 스티치 질감이 곱게 나오고, 반시계방향으로 감으면 입체감 있게 나옵니다.
4. 계속해서 실을 감습니다. 이 감은 실을 코일이라고 부르며, 전체 코일의 길이는 한 땀의 길이(A와 B의 간격)보다 길어야 합니다.
5. 원하는 만큼 감았으면 왼손으로 코일을 잡고 오른손(사진에는 보이지 않음)으로 바늘을 뽑아주세요. 잘 뽑히지 않는다면 왼손으로 실을 살짝 풀어주고 바늘을 뽑은 다음 바로 조여줍니다.
6. 코일을 잘 매만진 다음 실을 완전히 당기고 B로 바늘을 넣습니다.
7. 불리온 노트 스티치가 완성되었습니다.
8. 스티치의 간격이 같아도 바늘대에 실을 감은 횟수가 더 많다면 오른쪽처럼 더 굽은 아치형 스티치가 만들어집니다.

불리온 노트 스티치 응용 — 불리온 데이지 스티치

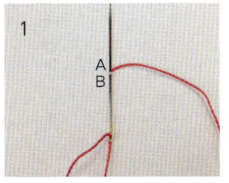
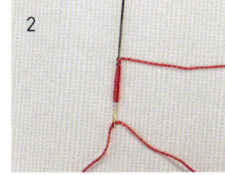
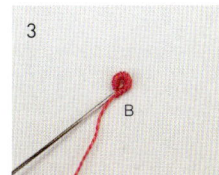
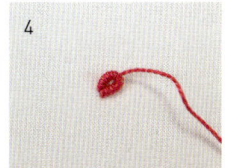

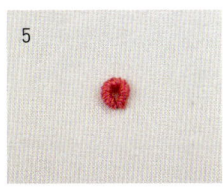

1 첫 단계에서 A와 B의 간격을 아주 좁게 합니다.
2 원하는 만큼 바늘대에 실을 여러 번 감아주세요.
3 B로 바늘을 넣어 고리 모양을 만들어주세요.
4 고리 끝을 짧은 땀으로 고정합니다. 실을 바짝 당기면 스티치 모양이 갈라져 보이니 가볍게 당겨주세요.
5 불리온 데이지 스티치가 완성되었습니다.

불리온 노트 스티치 로즈 Bullion knot stitch - rose

입체적인 장미를 수놓을 때 자주 사용합니다. 25번사 6가닥으로 지름 약 1.5cm의 불리온 스티치 장미를 수놓을 수 있는 방법을 단계별로 담아보았습니다. 다른 크기와 형태의 장미를 수놓으려면 각 스티치의 위치와 개수, 실을 감는 횟수, 자수실의 두께를 달리 해야 합니다.

사용한 자수실 : 25번사 6가닥
완성 크기 : 지름 약 1.5cm
※좌측의 도식화를 참고하여 단계별로 수놓으세요.

● 1단계 — 불리온 노트 스티치 2개(6회 감기)
● 2단계 — 불리온 노트 스티치 3개(10회 감기)
● 3단계 — 불리온 노트 스티치 6개(12회 감기)

1단계 — 불리온 노트 스티치 2개(6회 감기)

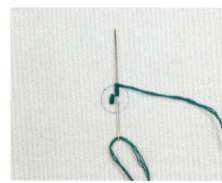

지름 1.5cm의 원을 그리고, 그 중앙에 길이 약 0.5cm의 불리온 노트 스티치를 나란히 2개 수놓으세요. 이때 바늘에 실을 6회 감아줍니다.

2단계 — 불리온 노트 3개(10회 감기)

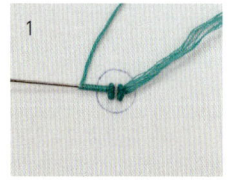 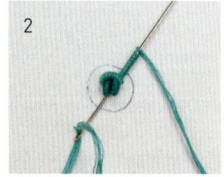 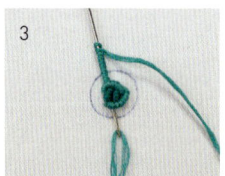 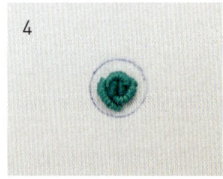

1-4 1단계에서 수놓은 2개의 스티치 상단으로 바늘을 찔러 넣고 실을 10회 감은 불리온 노트 스티치를 3개 수놓습니다. 2단계의 각 스티치끼리는 1/3 정도 겹치게 합니다.

3단계 — 불리온 노트 6개(12회 감기)

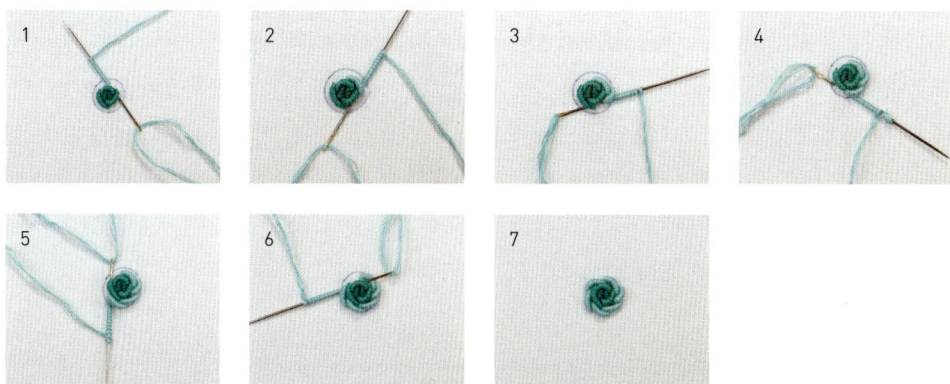

1~7 2단계 스티치의 바깥으로 실을 12회 감은 불리온 노트 스티치를 6개 수놓습니다.
    이전 단계의 스티치를 감싸듯 수놓고, 각 스티치끼리는 1/3 정도 겹칩니다.
    가장 마지막 스티치를 할 때에는 첫 스티치의 안쪽으로 바늘을 넣어야 자연스러운 꽃잎 모양이 됩니다.

캐스트 온 스티치 Cast on stitch

뜨개질을 시작할 때처럼 바늘에 실을 여러 번 걸어 입체적인 모양을 만드는 자수기법입니다. 방법은 불리온 노트 스티치와 비슷하지만 실을 꼬아서 걸어주는 점이 다릅니다. 꽃잎을 수놓을 때 자주 사용하며, 실을 감는 횟수와 스티치 간격을 조절하여 다양한 모양을 표현할 수 있습니다. 밀리너 바늘을 사용하면 수놓기가 더 수월합니다.

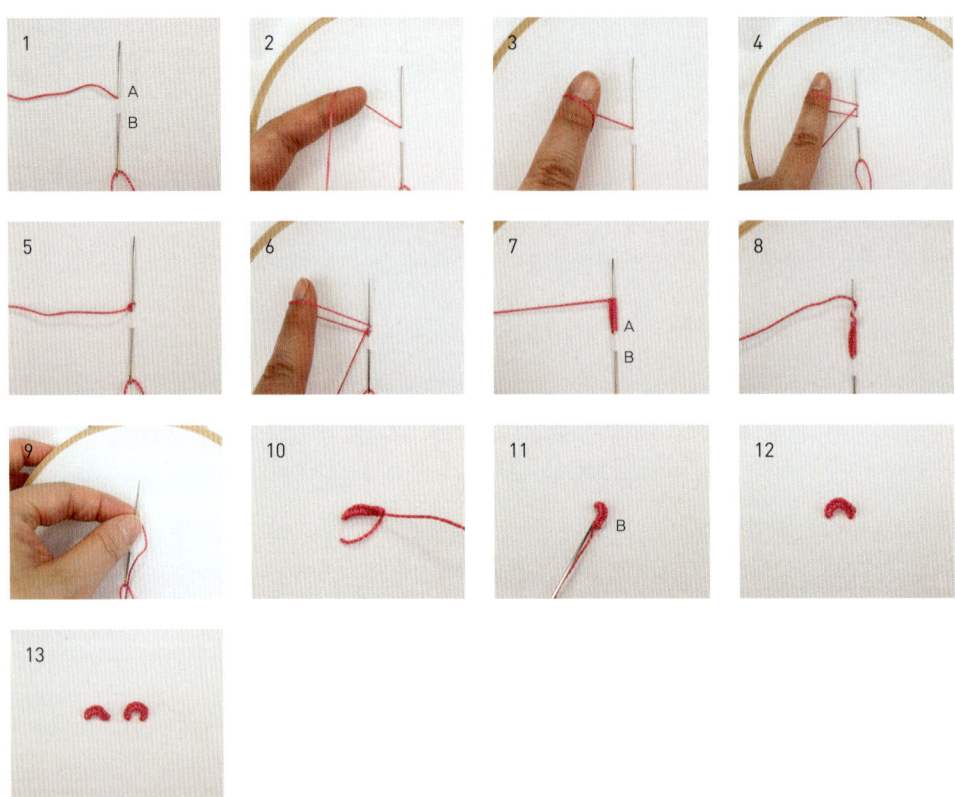

1. A에서 바늘을 꺼낸 다음 한 땀 지나서 B에 바늘을 넣고, 다시 처음 나왔던 자리 A로 바늘 끝이 나오게 합니다. 여기까지는 불리온 노트 스티치와 같습니다.
2. 왼손 검지로 실을 들어올립니다.
3. 손톱이 보이도록 손가락을 뒤집으면 자연스럽게 실이 꼬입니다.
4. 감은 실을 바늘로 넘기세요.
5. 첫 코를 감았습니다. 이는 뜨개질을 시작할 때와 같은 방법입니다.
6. 같은 방식으로 두 번째 코를 감아 바늘로 넘깁니다.
7. A와 B의 간격보다 더 많이 실을 감아줍니다.
8. 마지막으로 실을 꼬지 않고 그냥 시계방향으로 한 바퀴 감으세요. 이렇게 감아놓아야 나중에 스티치가 뒤틀리지 않습니다.
9. 감아놓은 실을 왼손으로 잡은 채 오른손으로 바늘을 당겨 빼세요.
10. 손으로 감아놓은 실을 정리하고 실을 당기세요.
11. B로 바늘을 넣으세요.
12. 캐스트 온 스티치가 완성되었습니다.
13. 같은 간격에 실을 더 많이 감으면 오른쪽처럼 아치 형태의 스티치가 됩니다.

캐스트 온 스티치 응용 — 루즈 캐스트 온 스티치 Loose cast on stitch

빈 바늘, 빨대, 볼펜심 등의 도구를 이용하여 캐스트 온 스티치의 너비를 넓히는 방법입니다. 도구의 지름에 따라 스티치의 최종 너비가 달라지므로 도안 크기에 맞는 적절한 도구를 선택하세요.

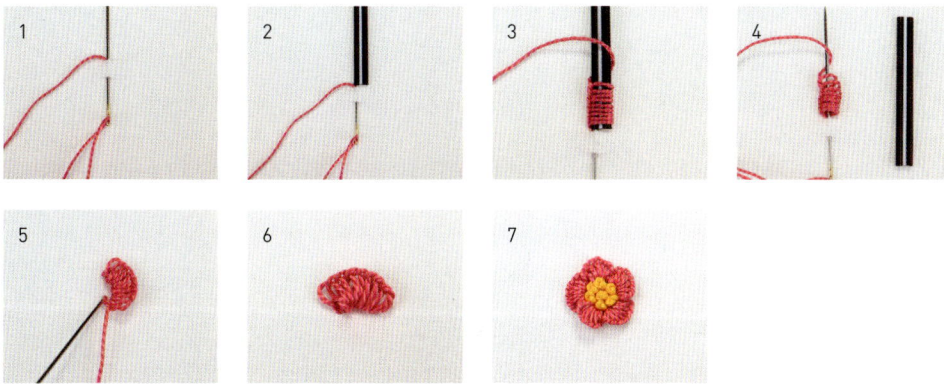

1 보통의 캐스트 온 스티치처럼 첫 단계를 시작하세요.
2 바늘대에 스티치를 넓히기 위한 도구를 씌우세요. 사진에서는 커피 스틱 자른 것을 씌웠습니다.
  속이 비어 있지 않은 도구는 바늘과 함께 잡는 것으로 대신합니다.
3 커피 스틱 위를 실로 감으세요.
4 마지막으로 한 바퀴 감고 스틱을 벗깁니다.
5 아래로 바늘을 넣고 마무리하세요.
6 루즈 캐스트 온 스티치가 완성되었습니다.
7 이러한 방식으로 여러 장을 수놓으면 입체적인 꽃을 만들 수 있습니다.

바느질 기법

소품을 만들 때 사용하는 몇 가지 바느질 기법을 소개합니다.

홈질
러닝 스티치와 같은 방법으로 바느질합니다. 천을 이어 붙이거나 주름을 잡을 때 사용합니다.

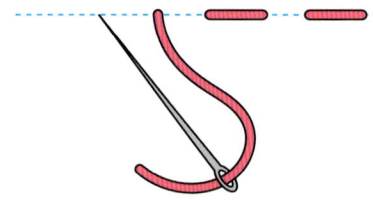

박음질
천을 튼튼하게 재봉하는 방법으로 백 스티치와 방법이 같습니다.

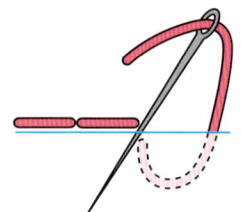

공그르기
바늘땀이 겉으로 보이지 않도록 속으로 바느질하는 방법입니다.

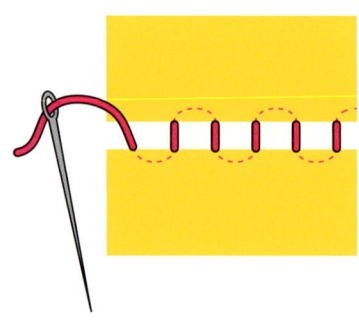